弔いにみる世界の死生観

小西賢吾・山田孝子 編

英明企画編集

刊行にあたって

「死」を受容し乗り越える世界の知恵を学ぶ

人間は生物である以上、必ず死を迎えます。生者にとって死は未知のものであり、親しい人の死は大きな喪失感をもたらします。最新の研究では、死を悼む行動は他の動物にもみられることがわかっていますが、人類はそれを社会的な営みとして整備・発展させてきました。そこには、哀悼の念を表し、死者を適切に送るための実践を通じて心の痛みをケアするとともに、親族をはじめとする諸集団のつながりを存続させるための仕組みが組み込まれているのです。

弔いの文化には、葬儀をはじめとする死者儀礼、天国や地獄など死後の世界に関する思想、そして生者と死者との関係などの要素が含まれます。仏教、キリスト教、イスラーム等の世界宗教には、死生観に関する独自の思想や実践の蓄積があります。そして多くの地域では、世界宗教の影響を受けつつも、土着の伝統と融合したかたちで弔いが営まれてきました。弔いの比較文化学的考察とは、こうした諸要素の重なりを解きほぐしながら、人びとがどんな死生観を

共有し、それが弔いを担う集団とどう関わるのかを分析することだといえます。

弔いを考えることは、われわれ生者の社会を考えることでもあります。弔いの場では、残された人びとの「つながり」が顕在化します。葬儀の際に、普段は会う機会のない親族が集まった経験のある人もいるでしょう。一方で、近年注目される孤独死の問題は、弔いを担う集団とその「つながり」の危機を示唆しています。また現代日本では、遺体処理から葬儀、納骨までが専門業者の手で行われ、一般の人びとが死に直接触れる機会が少ないことも指摘されています。

時代が変わっても、死は誰にでもいつか訪れます。また、戦争や災害等による不慮の死は、残された人びとにも大きな傷を残します。さまざまな民族や地域で継承されてきた弔いの文化は、死者の安寧を願うなかで人びとが死を受容し、喪失の悲しみを乗り越えて日々の暮らしを歩むための知恵を蓄積してきました。弔いを比較文化学的視点から考察した本書が、死生観にみえる民族性や地域性を読み解き、弔いの普遍的意味を考える出発点になることを願っています。

編者 **小西 賢吾**

弔いにみる世界の死生観　目次

本書でとりあげる世界の地域と弔い

1 イタリア

ローマ市内に残るカタコンベ

2 フランス

3 スペイン

4 モロッコ

首都ラバトの墓地

5 ウガンダ

6 カザフスタン

埋葬前の葬送礼拝

葬式で行われる布の喜捨

ムスリムの墓地

7 トランス・ヒマラヤ ラダック

ラダッキの火葬

火葬場での供養時の共食

17

18

8 インド

ヒンドゥーの葬送儀礼

死者を送る儀礼での礼拝

9 中国四川省
シャルコク地方

火葬の準備

タルチョが建てられた墓所

10 タイ

ムスリムによる墓掃除

11 マレーシア

12 インドネシア

13 オーストラリア

14 ミクロネシア
プンラップ島

15 韓国

16 シベリア サハ共和国

17 アメリカ

18 メキシコ

「死者の日」に花で覆われた墓

骸骨人形

本書でとりあげる 日本の地域と弔い

1 北海道

シャクシャイン法要祭

3 石川県

金沢の箱形キリコ

石川護國神社大鳥居

4 京都府

六道珍皇寺の庭園内の井戸

2 東京都

都市の集合墓地

高安寺の水子地蔵〈府中市〉

5 沖縄慶良間諸島

座間味島の墓所

6 沖縄先島諸島

黒島での墓の落成式

座談会 I

「死」と「死者」と「死後」のとらえ方

死は悪であり、死者は畏怖の対象なのか

●参加者●
小河久志／川村義治／川本智史／桑野萌／小磯千尋／小西賢吾／
坂井紀公子／アヒム・バイヤー／藤本透子／本康宏史／山田孝子

世界の人びとは、死や死後の世界、魂について
どのような考えを持っているのでしょうか。
それに基づく弔いの方法には、どんな特徴があるのでしょうか。
世界の死生観と葬送儀礼を比較することから
人はなぜ弔うのかについて考えます

山田孝子●比較文化学のテーマとして「弔い」を考える際のポイントとして、四つを考えました。一つは「死者をどうとらえているか」という視点です。それは「魂をどうとらえるか」という世界観と関わっていて、弔い方はそれに応じて決まり、継承されているはずです。

二つ目の視点は、「死後の世界をどうとらえているか」です。人は死ぬとどこに行くのか、もしくはどこにも行かないのか。行く場合には、その死後の世界はどこにあるとされるのか。死者はそこに行ったきりなのか、戻ることがあるのか。死者と生者とはどんな関係を結んでいるのかという問題も出てきます。

死者と死後の世界に対するとらえ方を踏まえて、三つ目の視点として「どんな弔い方をするのか」ということがあります。葬式は誰が中心となって行い、誰が参加するのか。遺族が喪に服す際の規定等についても地域、文化によって異なります。また、葬送儀礼をしたら終わりではなく、供養として死者との関わりを持ち続ける場合もあります。その形式はどんなもので、いつまで続くのか。終わるとすればその後の死者はどうなるのか。

四つ目の重要な視点として「弔いの社会性」があります。弔いは、各宗教や民族集団、社会の存続の問題と結びついて意味を持つ場合も多いと思われます。そしてそのありようは、キリスト教、イスラーム、仏教、ヒンドゥー教などの世界宗教と民族宗教[1)]とで大きく異なると思われます。

以上の四つの視点からの議論をとおして、「人はなぜ弔うのか」という問題についてなんらかの示唆ができるのではないかと考えています。

---

1) 民族宗教に対して、世界の各地に広まっている宗教は世界宗教（world religion）、あるいは普遍的性格から普遍宗教（universal religion）とも呼ばれる。世界宗教は、当該宗教の発祥の舞台となった地域、民族を超えて伝播し、各地に広まっていった点で、特定の民族に限定されて信仰される民族宗教と区別される。キリスト教、イスラーム、仏教が三大世界宗教ということができるが、マックス・ウェーバーのように、これらにヒンドゥー教、ユダヤ教、儒教を加える見解もある［小口・堀 1973：494］

日本における「お盆」とは何か――金沢のキリコから

小西賢吾●まずは身近な日本の例から考えてみたいと思います。毎年６月ごろになると、金沢市内のスーパーでは「南無阿弥陀仏」などと書かれた板状や箱形のキリコをよく目にします（写真１）。これはお盆[2]の行事で使われるようですが、そもそもお盆とはどのようなものと考えればいいのでしょうか。私は石川県に来て初めてあのキリコを目にしたのですが、あれは石川県特有のものですか。

本康宏史●お盆の墓参りで箱形あるいは板状のキリコを供えるのは、金沢市とその周辺にみられる風習だと思います。金沢の墓地では墓前に物干し状の掛ける場所が設けられていて、お盆の墓参りのときには喪主もしくは家長に当たる人の名前を書いたキリコを吊り下げます。箱形のキリコは灯籠を模したような形状で中にロウソクが立てられるようになっていて、能登のお祭りに出てくるキリコ灯籠[3]との

▶写真１
箱形キリコ
金沢でお盆の墓参りの際に供えられるキリコは、灯籠状で中にロウソクを灯せるものが一般的だったが、廃棄にコストがかかる等の理由から近年では板状のものも売られている

2) 正式には盂蘭盆会（うらぼんえ）といい、日本では祖霊や死霊を迎え供養する仏教的な行事として展開した。本来は旧暦７月15日を中心に行われてきたが、現在では「新盆」と呼ばれる７月15日前後に行う地域と、「旧盆」と呼ばれる８月15日前後に行う地域とに分かれる。

3) 本シリーズ第２巻『食からみる世界』92～93ページ、第３巻『祭りから読み解く世界』132～135ページ参照。

つながりを感じさせます。近年増えている板状のキリコは、卒塔婆などの板を使った慰霊のシンボルと関係があるのだと思います。

小磯千尋●キリコを墓前に供える風習には、どんな意味が込められているのですか。あのキリコは最終的には燃やすのでしょうか。

本康●本来は、お盆が終わって送り火を灯したあとに燃やしたものですが、近年では野焼きが禁じられているので、まとめて捨てる寺院が多いですね。それもあって箱形は減り、板状のものが増えているとも聞きます。従来の箱形のキリコは迎え火を風から守るために使用されたと言われていますが、詳しい由来は不明です。近年よく言われるのは、親族・遺族が墓参りに来た証明であるという説です。お盆の期間中に誰が来たのかわかるように名前を書いたキリコを供えて、家として墓参りに来たことを親戚内にアピールするという意味合いです。

小西●日本の仏教では「お盆にはご先祖様が帰ってくる」とされていて、そのために迎え火を焚き、送り火を焚きます。この「帰ってくる」という考え方は、死者と死後の世界に対するとらえ方として特徴的だと思います。世界のなかでも、死後の世界に行った死者が帰ってくる文化と帰ってこない文化とがありますよね。

死者観と他界観——魂と供養、極楽・地獄・煉獄思想からみる世界

各地の供養にみる死者観——恐れるのか救うのか

藤本透子●カザフスタンでは、イスラーム以外の思想と混ざっている部分があると思いますが、死者の霊魂[4]は金曜日に家族や子孫の暮らしぶりを見るために家に戻って来るとか、断食明けやイスラーム祭日に死者が戻ってくると言いますね。

坂井紀公子●毎週金曜日に戻ってくるなんて忙(せわ)しないですね。(笑)

藤本●ですから金曜日には、揚げパンなどの儀礼的な食事を作るほうがいいとされています。中央アジアでは油脂の香りが死者の霊魂に

4) カザフ語で「アルワク」。アラビア語の「霊魂」を意味する「ルーフ」の複数形が転化したもの。本書座談会Ⅱの78ページも参照。

届くという信仰があって、祖先などの霊魂のために、金曜日には平たい特別な揚げパンを作るのです。イスラーム祭日や断食明けのときもそうですね。

山田●トランス・ヒマラヤに暮らすラダッキ[5]の場合、チベット仏教徒ですから、本来は四十九日を過ぎて転生したら帰ってくることはないと考えます。ところが、「お正月には火葬場に先祖が戻ってくる」という感覚は持っていて、日本の墓参りのようにそこに行って、たくさんお供えをして先祖を祀り、共食をします。「どこかに生まれ変わって、別の家の人になっているんじゃないですか」と聞くと、「どこかに生まれ変わっているにしても、自分の祖先は祖先として存在したんだから、その弔いをした場所でご馳走を一緒に食べて供養をするんだ」と言っています。

小磯●沖縄の人たちに通じるものがありますね。

山田●たしかに沖縄の人たちも、清明祭（シーミー）[6]のときに同じようにしますね。ラダックの人たちはチベット仏教徒ではありますが、仏教伝来以前の古い習慣や考え方を残しているように思います。

アヒム・バイヤー●お盆に似た風習は台湾や中国にもあります。毎年旧暦7月15日の「中元節」を含む1か月間を台湾で「鬼月」といい、お寺はかなり忙しいようです。この時期に一般の信徒がお寺に泊まったり、灯明を捧げてお祈りすることもあります。韓国では日本の旧盆の時期のことを「百中（ベクチュン）」の時期と言います。

山田●日本の仏教では先祖供養がとくに発達して維持されてきたと言えますが、その要素は中国経由で仏教とともに伝来したのでしょうね。

本康●でも、台湾のお盆の行事を何度かみたことがありますが、そこで祀られるのは鬼、日本で言うところの怨霊や死霊、御霊に近い怖い

5）インドのジャム・カシミール州のトランス・ヒマラヤ山脈地帯に暮らすチベット系の民族。本書39ページからの山田孝子による論考および本シリーズ1巻『比較でとらえる世界の諸相』28ページを参照。

6）お墓参りの祭り。八重山地方では氏や家庭によって異なり、行事の日も行事の様式も一定ではなく、ごく簡単にするのが普通である［宮城 1972：531］が、沖縄本島では年中行事のなかでも大きな祭りで、それぞれの門中が同じ日に集まって、墓前で食事を楽しむ墓前祭となっている。

存在で、日本の祖先神とは少し違うように感じました。台湾でお盆に祀る対象は家の先祖ですか。それとも御霊のようなもので、鎮めるためにお盆の行事をしているのでしょうか。
バイヤー●原則的には家族・先祖を祀っていますが、家族ではあってもすべてが死後の世界から来るので怖さもあって、混ざっているように感じます。
山田●お盆には悪いものも一緒に来る可能性があるということですね。
バイヤー●死者には怖い面もあるし、強い力を持つ面もありますね。基本的にお盆には、生者が死者を供養して、死後の世界での幸せを祈ります。しかしその一方で、仏となった祖先、死者に現世の人が助けを求める場合もある。怖い面も絆の面も、両側面があると思いますね。
小西●中国語の「鬼」という言葉は霊一般を表していて、先祖とは限らず、いわゆるオバケみたいなものも含む概念です。生者と死者との関係をとらえる際に、生者から死者に働きかける面と、死者から生者に働きかけてくる場合とがありますね。そのなかでも死にまつわる恐怖と「きちんと対処しなければ」という意識は、さまざまな文化で共通しているかもしれません。
本康●仏教がベースにある地域ではその論理が成立しますが、イスラームやキリスト教では死ぬことは悪いことではなく、むしろよいことですね。だから死への意識も大きく違うでしょうね。

納得の死と理不尽な死——「運命」の受容の仕方

藤本●カザフスタンでは、若くして病死した人について、「よい人はアッラーにとっても必要だから、早く向こうの世界に行ったのだ」という言い方がされます。そう考えることで理不尽な死を受け入れようとしている。他には「額に書かれていたから」、つまり「運命だ」という言い方も聞きました。
小西●「額に書かれている」という言い方はチベットでもしますね。
本康●死には「納得できる死」と「理不尽な死」とがあると思います。長生きしたうえでの大往生はむしろ祝うことですが、子や孫の死、しかも事故や急病などの予期せぬ理不尽な死に直面すると、遺族がそれに折り合いをつけて生きていくために、何らかの儀礼をしながら心を癒やしていく期間がいる。それが弔いであり供養なのだと思います。

桑野萌●キリスト教では、「不慮の事故と思われることのなかにも神の計画がある」という考え方があります。さまざまに降りかかる困難や災いについても、大きくとらえると意味があるのだと考えて、基本的にネガティブにとらえずに、何らかのメッセージを読もうとする。

小河久志●イスラームも似ていますね。落としどころとして「天命」という考え方があって、「これはアッラーが決めたことなので仕方がない」といって、やり場のない怒りや悲しみを抑える効果はあります。

藤本●カザフスタンでも、「すべてはアッラーが定められたことだ」という言い方もされていました。

桑野●旧約聖書にも、「ヨブ記」や「イサクの犠牲」など、神による試練や神の思し召しというテーマがたくさん出てきます。

小河●神の思し召しを落としどころにするのはイスラームと共通していると思います。私が調査しているタイのムスリムも、インド洋津波で甚大な被害を受けたときに「津波はアッラーの思し召しだから、イスラームに敬虔であれば被害は少なかったはずだ」と言っていました。

桑野●ユダヤ教徒のなかにも、「災いや困難が起こるのは、自分たちが神に叛いていたからだ」と言う人がいますね。そういう世界観を創り出すのは一神教に共通するかもしれません。

小磯●インドでは、元服式に当たる儀式をする前に幼くして亡くなってしまった子や不慮の事故で亡くなった子は、祟るから鎮めなければいけないという意識で恐れているところがあります。こうした存在はインドでは「プレータ[7]」と呼ばれます。基本的にかわいそうな、助けてあげないといけない存在で、供養をしないと死後の世界で食べ物が手に入らないので、ピンタというお団子を供えたりします。

小西●日本でも、子どもの死については水子供養[8]がありますね。幼

---

7) 原義は亡霊、死霊。人が死んでから祖霊界に入るまでの存在とされる。

8) 水子は本来未熟児や死産児を指し、近年では妊娠中絶をした胎児に対する供養の意味も含むようになっている。水子供養は寺院で行われるが、水子地蔵や水子観音など、こうした子どもの魂を救うとされる尊格の像も建立されている。

◀写真2
水子供養の地蔵
地蔵には帽子や前掛けが着せられたり、幼くして亡くなった子どもの気持ちをなぐさめるためか、風車が供えられていることが多い

い子の理不尽な死ともなれば家族にも特別な悲しみをもたらすので、死者を弔うと同時に、遺族のケアも必要になってきます。

本康●水子というのは仏教に由来するものですか。

小西●仏教由来ではなく土着のものではないでしょうか。水子の魂が世話になると言われるお地蔵さん[9]はインドから来ていますね。

本康●子を失った悲しみを癒やし、遺族をケアするという願いが根底にあって、そこにヒンドゥーや仏教の教えが被さるということですね。

私が理不尽な死の例として研究しているのは戦死です。究極の理不尽な死であり不慮の死ですから、戦死者は悪霊になり得ます。ですから特別な儀礼をしないと、親族・遺族も共同体も、国家も納得しない[10]。こうした考え方が靖国神社の源流になっていると思います。

小西●死というのは、いかなる社会においても、何かが失われることだと言えます。だから失われたものに対する埋め合わせとして、何か

---

9) 地蔵菩薩のこと。インドではサンスクリットでクシティガルバと呼ばれ、東アジアには地獄で苦しむ人びとを自ら救うという特色が伝わった。日本では特に民間で親しまれ、災難を代わりに受けてくれる「身代わり地蔵」の信仰を背景に、街道沿いの守り神としても設置されるようになり、子どもを地獄の鬼から守ってくれるという信仰も生まれた。8月下旬には、子どもたちが地蔵を祀る「地蔵盆」の行事が京都市を中心に行われている。

10) 本書133ページからの本康宏史による論考も参照。

をしないといけない。その死がもたらす喪失が社会的に大きければ、それだけ大きな埋め合わせが必要になるわけですね。

山田●アイヌも不慮の死に対しては「魔物が介在した」と考えて、必ずペウタンケ[11]という特別な儀礼をしたあと葬儀を始めたと言います。

本康●そもそも人が死ななくなったのは近代化して衛生環境等が改善されたからで、それまで死は身近なものでした。アイヌも普通に暮らしていてクマに出会って攻撃されたら、すぐ死んでしまったわけです。

桑野●そうですね。かつてはたくさん生まれたとしても、七つまでに命を失う子どもが多かったと言いますね。

山田●たとえば、沙流地方のアイヌでは、本当に小さいうち、生まれて1年に満たない時点で亡くなると、葬儀はせずに墓も造らず囲炉裏端に埋める。そうして炉にいる火の神様に再び新しい子を授けてくれるよう祈ったと言われます。他の民族でも、これはサハ[12]の例ですが、幼くして亡くなった場合には、天にいる出産を司る神様に、再び子が授かるようにお願いしたと言いますね。

本康●葬儀をしないというのは、一人前の人ではないから、人としての対応はしなくてもいいという考え方かもしれませんね。

小西●それは、いつから人、つまり一緒に社会を構成する一人となるかということとも結びついていると思います。

カトリックの死生観——永遠の命と煉獄

小西●不慮の死というのは、やはり合理的に考えていてはどうしても限界があって、いくら考えても納得できない。そこにたとえば宗教や超自然の存在が出てくることで何らかの埋め合わせがなされて、ネガティブな感情がポジティブに切り替わることがありますね。

桑野●たしかにキリスト教の場合は「永遠の命」を信じていますから、「死は魂が神様のもとに帰ることで、むしろ喜ばしいことだ」と教えています。ですがキリスト教の長い歴史をみると、たとえば「罪が拭

11) 本シリーズ3巻『祭りから読み解く世界』44ページ参照。

12) ロシア連邦サハ共和国の主要な民族。本シリーズ1巻『比較でとらえる世界の諸相』17ページ参照。

えていない人は煉獄[13]に留まる」という教えもあって、死者の魂が煉獄で彷徨(さまよ)い続けることがないように祈りを捧げるという伝統もあります。これはカトリックの共同体として行われる弔いです。カトリック教会には、生きている私たちと死者、さらには聖者と呼ばれる人たちとを含めて共同体であるという考えがあって、その共同体として、聖者の力を借りた生者が死者の永遠の安息を願って祈るわけです。

山田●その共同体は教会を中心にしたコングリゲーション（教会会衆組織）で、サクラメント（儀式）が行われる範囲ということですね。

桑野●そうです。国家は関係なく、神の国[14]のなかでの交わりとでも言うべきものですね。

山田●そもそもキリスト教における天国と地獄、それに煉獄というのは、どんな関係にあるのですか。カトリックの場合、教会で神父さんに罪を告白することで赦されることになっているので、本来は地獄には行かないはずですよね。

桑野●理論的にはそうです。ですがカトリックでは、天国自体はすべての人に開かれているけれど、神を信じずに罪を犯していた魂は地獄に行き、信仰心はあるが完全に罪を赦され拭いきれていない魂は煉獄で彷徨うと教えていました。じつはカトリックにおける地獄と煉獄の境界線は曖昧なもので、地獄についてはかつては教えていましたが、現在のカトリック教会ではあまり教えていません。

山田●天国に行けない魂は、最後の審判までは煉獄にいるわけですか。

桑野●現在では「魂は煉獄で彷徨っている」と教えていて、「死者の魂が迷わずに聖者の仲間入りができるようにミサで祈りましょう」というのがポジティブな考え方ですが、かつては「ミサに行かないと地獄行きだ」と教えた例もあります。スペイン人の義理の祖母からは、彼

13）本書87ページからの桑野萌による論考を参照。

14）イエスは宣教生活のはじめにガリラヤで、「時は満ち、神の国は近づいた。悔い改めて福音を信じなさい」と宣言したとされる（「マルコによる福音書」1章15節）。このことから「神の国」とは神の支配が及ぶ「神の王国」のことであり、イエスの十字架上の死と復活を通して地上に到来し、イエスを信じ、集まる人びとによって実現される「教会」を指している。

女たちの時代はそう教えられてミサに行っていたと聞きました。

坂井●カトリックでは、煉獄で彷徨っている死者は生者に対してどんな影響を及ぼすと教えているのですか。

桑野●カトリック教会の教義自体にはそうした考えはありませんが、地域によっては煉獄にいる魂が生者に影響を与えると考えるところもあると思います。たとえばスペインの南部は先祖に対しての思いが強く、そうした教えが残っています。日本でも、京都の福知山にキリスト教に集団改宗した村がありますが[15]、ここでは従来の先祖に対する考え方を保持したまま改宗しています。現在の信仰形態について、どこまでが宗教の問題でどこまでが従来の伝統なのかは難しい問題ですね。

坂井●私が調査に行くウガンダ北部のアチョリ[16]の人びとはカトリック信徒が多いのですが、土着の信仰も混ざっていて、「人が死んでも魂、スピリッツは生き続け、自分たちの周辺を浮遊している」と考えています。そしてそのスピリッツが悪霊になって、病気などの不幸をもたらす場合があるという考えをもっています。本来のカトリックでは、煉獄で彷徨う魂と悪霊との関係をどうとらえているのでしょうか。

桑野●カトリックでは、煉獄にいる魂は聖人の助けを得て共同体で救済すべきものと考え、教えています。悪霊という概念はカトリックにもありますが、死者とは関係がない存在です。ですから映画『エクソシスト』で描かれたように、人に取り憑くこともあるわけです。

アチョリにおける死者と魂、呪術と墓

坂井●アフリカはもともと呪術（マジック）や妖術（ウィッチクラフト）が存在する地域なので、呪術師（マジシャン）や妖術師（ウィッチ）であれば災いをもたらすこともできるという考え方が一般的にあり

---

15) 1949年３月、京都府何鹿郡佐賀村（現在は福知山市と綾部市に分属）の村民1,500人が小学校でカトリックへの改宗宣誓式を行い、その年の８月15日までに約1,000人が受洗したとされる［伊藤 1986; 文部省宗務課 1951］。詳しくは『京都教区時報』［京都カトリック教理センター 1984］も参照。

16) ウガンダ北部のアチョリ地方から南スーダンにかけてのサバンナに暮らすナイル系民族。本シリーズ４巻『文化が織りなす世界の装い』25、83〜85ページ参照。

ます[17]。そこにカトリックが入って改宗していたとしても、不幸の原因として呪術や妖術の存在がベースにあって、両方が混ざりあって現在に至っている。キリスト教を布教するときに、宣教師がうまく折衷して融合させるかたちで利用した可能性もあります。

小磯●アチョリには除霊を専門に行う人もいるのですか。

坂井●います。すべての出来事に呪術的・妖術的原因を求める社会ですからね。

小西●アチョリでは、死者は死んだらどこに行くと考えるのですか。

坂井●私が調査で会ったアチョリの人たちは、「そのあたりにいるよ」と言っていました。熱心に信仰しているカトリック信者の方たちに聞くと、「天国に行く」という説明をしてくれるのですが、それと同時に、何か不幸な出来事があると「あのときに亡くなった霊がここで悪さをしている」と言ったりもします。

お墓は死者の親族が暮らす敷地内に設けますが、不慮の死を遂げた場合は敷地外で弔います。私は先日調査に行った際に、埋葬されてから10年以上経っているお墓の上を気づかずに車で通って、たいへんな事態になってしまいました。正しく対応しないと、上を通った私たちはもちろん、遺族も含めたコミュニティ全体が祟られて、そのお墓に葬られている死者の霊自体にとってもよくないとのことで、ヤギを供儀してきちんと儀礼をしてもらいました。

桑野●そのコミュニティはカトリックだったのですか。

坂井●そうです。ほとんどが改宗していますが、そうした世界観は維持しています。

本康●改宗以前の土着の信仰が強く残っているわけですね。10年経っ

---

17) 「呪術（マジック）」は呪薬や呪具、呪文を伴う術で、それらを用いて超越的存在（神や霊）に訴え、ある目的を実現しようとする行為。そのうち他人やその所有物などに危害を意図的に加える術が「邪術（ソーサリー）」として下位区分される。「妖術（ウィッチクラフト）」は、成人が身につけている邪悪な力に関する信仰である。その力は特定の人物に宿っている。そして本人の意図とは無関係に、他人を害したり、病気を引き起こしたりするといった能力を持っているため、妖術師は人びとから恐れられている存在である。上述の三つについてはさまざまな著述で混同した使い方や別の区分もみられ、各概念とそれらの行為を明確に区別することは困難である［日本文化人類学会［編］2009: 236-237］。

てそのお墓は埋もれてしまっていたということですか。

坂井●文化人類学で複葬[18]という行為の事例がよく出てきますが、アチョリでは３回行います。１回目は亡くなった直後、２回目は２年後ぐらいのお金が貯まった段階、３回目は10年ほど経ってから盛大にして、ようやくその人を弔えたことになる。富裕層は３回の儀礼を一度にすませることもあるそうです。私がお墓の上を通ってしまったときは２回目と３回目の葬儀を一度に行ってすぐのころだったそうです。

特定の墓地があるわけではなくあちこちに埋められていて、洗濯物を干している下に墓があったりもします。だから私たちも知らずに通り抜けてしまったのです。そのときはその場で止められて、「いま何をしたかわかるか！」と詰め寄られました。儀礼をしてみんなで共食して霊をなぐさめたのですが、その儀礼を執り行ったのは墓の上を通られてしまった死者の家族やコミュニティの長老でした。

小西●世界宗教はそれぞれ緻密な死生観を構築していますが、地域固有の死生観はそれに影響されずに残る場合があるということですね。

坂井●すべての家族が複数回の葬儀をするわけではなく、裕福かどうかにもよるようです。私の知る限り、長生きして尊敬に値する長老などが亡くなった場合は複葬されることが多い印象です。尊敬すべき人だったと社会的に認めさせたい人たちが行う場合と、本当に尊敬されていたからこそしないといけない場合とがあるようです。また、複数回葬儀をするのは、「生まれ変わってほしい」とか「自分たちもそんな生き方がしたい」という気持ちの表れであるように感じました。

ヒンドゥーの葬送と服喪――西インドの事例から

小磯●私はかつて、西インドのバラモンの家で行われたヒンドゥー式の葬儀を記録したことがあります。葬送自体はシンプルです。死が近づいたら葬儀を執り行うバラモンを呼んでお経を読んでもらうのが理想ですが、いつ亡くなるかはわからないので、それ

18) 複数回に分けて行われる遺体処理のことで、一度埋めた遺体を掘り起こし、棺に納め直したり、遺体をくるんでいる布を取りかえたりする。沖縄の洗骨も複葬の一形態。

はできない場合もあります。私が記録したときには、臨終となったらウシを連れてきてそのしっぽを握らせて、末期の水としてガンジス川の聖水を飲ませて、トゥルスィー（メボウキ）[19]の葉っぱを口に含ませていました（写真3）。そして家族や親族がギーターという聖典を読んで見送ります。

インドは気温が高いこともあり、死後はできるだけ迅速に荼毘に付します。遺体は火葬場に運び、もともと安置されていた場所には灯明が灯されて、それがそこに死者がいた唯一の名残になる（写真4）。それ以外は、その家で死者が出たことなどわからないほど普通になります。

火葬は一般的には屋外で行われ、積んだ薪の上で燃やされます。近年では木材の値段が高騰していることもあって、都会には重油を使った火葬施設ができていますが、嫌がるお年寄りもいます。理想的には、ガンジス川の聖地バナーラスで焼かれるのが天界に近づくのでよいとされています。無理な場合はガンジスの聖水を口に含ませて火葬します。

葬儀の翌日、遺灰の一部を空き缶に入れて、男性だけで最寄りの川に流しに行きます（写真5）。それが終わった後に、ヒンドゥー教の真骨頂と言えるようなプージャー[20]が行われます（写真6、7）。専用の祭場で、その家の嫡男が僧侶の指導のもとで死者供養をします。数日経つと亡くなった人は祖霊の仲間入りをすると考えられているので、死者個人としての葬儀は数日で終わって、あとは祖霊の供養になります。

興味深いのは、先ほども言ったように、供養の際にピンタというお団子を供えることです（写真6）。日本の彼岸のお団子にも通じるものがあると感じましたが、小麦粉や米で作ったさまざまなサイズの団子を供えて、それが祖霊に対する一番の供養になると考えられています。

死後10日から12日で服喪期間が終わり、不浄なる期間が去ったとして、聖水で家中を清める儀式をします（写真8）。ここまでの葬送儀礼はその専門のバラモンが行いますが、服喪期間が終われば清めの儀

---

[19] ヒンドゥー教徒にとって聖なる木とされている植物。本シリーズ１巻『比較でとらえる世界の諸相』57ページ参照。

[20] 礼拝。本シリーズ１巻『比較でとらえる世界の諸相』90ページも参照。

▲写真3　末期の水を含ませる
死者の口にトゥルスィーの葉を入れ、遺体に花をかける〈23ページの写真はすべてインドのプネー〉

▲写真4　灯明
もともと遺体を安置していた場所に灯明を置いて、亡き人のよすがとする。お悔やみに訪れた人はそこに礼拝する

▲写真5　遺灰を川に流す
男性だけで最寄りの川に運び、流す。遺灰は空き缶に無造作に入れられ、お経も花も手向けられない

▲写真6　死者を送る儀礼
地域によって異なるが、死後7、8、9日目に行うことが多い。聖水やピンタと呼ばれる団子を供えながら礼拝する

▲写真7　共同の祭場で行う葬送儀礼
一般的に喪主の男性は一房の髪だけを残して剃髪する。写真3、5、6、8の喪主は例外的にしていない

▲写真8　浄めの儀礼「ウダカ・シャンティ」
死後10日～12日が経って喪が明けてから、吉事を執行するバラモンが取り仕切って行われる

礼を行うバラモンに替わります。家が清められたら葬儀は終わります。

本康●清浄儀礼と葬送儀礼とで、担当するバラモンの格は違いますか。

小磯●歴然とした差があります。葬儀を執り行うほうは忌み嫌われ、吉なる儀礼を行うほうが格が高いとみなされます。

坂井●ヒンドゥーの神々への信仰と、いまの一連の葬儀の方法との関係はどのようになっているのですか。

小磯●ヒンドゥーにも多様な土着の信仰が混ざり合っているので一概に言えません。ですが、たとえば死を司る神であるヤマ神、いわゆる閻魔さまは南にいる[21)]と考えられているため、葬儀の際には遺体の足を南に向けて安置します。

インドには、ヤマの信仰以外にも、より古い五火二道説[22)]という考えもあります。そこでは魂は永遠で、肉体は輪廻を繰り返すと考えられています。魂は死後その場に一時とどまり、地獄でしばらく過ごしたのちに天に昇って、雨となって地に降り注いで植物に入って人間に食べられて、人間の身体に宿るという理論です。

遺体観と穢れの思想
――死体は抜け殻か、忌まわしき存在か

死者はすべからく悪――アチョリの魂観

坂井●インドのような輪廻の考え方は持っていないアチョリの人たちに「あなたたちにとってスピリッツとはどんな存在なの」と訊ねると、「悪そのものだ」と答えます。そしてスピリッツは近くに彷徨っている場合もあるし、山や川、大自然のなかにいることもあると言います。ただし、カトリック信者でかつ信仰心の篤い人に聞く

21) ヒンドゥーでは、インドラ、ヴァルナ、ヤマ、クベーラが東西南北の四方を守るとされている。ヤマは死の道を最初に発見した神で、祖霊の世界の主であり、その世界は楽園であるとされる。また、その楽園に通じる道には２匹の犬が番をしているとされている。

22)「五火」とは、死んで荼毘に付されたものは、①いったん月に行き、②雨として地上に帰還し、③植物に吸収されて穀物等になり、④それを食べた男の精子となり、⑤女性との性交により胎児となり、また誕生するという５段階で輪廻すると考える説。「二道説」は再生（五火による輪廻）の道と再生がなく人間界に戻ることのない道を説き、前者を「祖霊たちの道」、後者を「神々の道」としている。

と悪であるとは答えず、「スピリッツが不満を持っていると悪の存在になってしまう」と答えます。

山田●「悪でしかない」と考えて常になだめる必要があるから祖霊信仰が盛んになっているようで、それがアフリカの特徴になっていますね。なだめ続けるというかたちで弔い、安寧を願う対象になっているわけですね。

坂井●いつもなだめていますね。スピリッツには仲良くなれる要素は一切ない。(笑) なぜこうした観念が生まれたのかについては、ありきたりですが、自然をコントロールするまでには至らない社会のなかで、災害などの自分たちでは避けられない不幸な出来事が、スピリッツの介入とみなすことで適切に対応や処置できるようになるからだと説明できます。

彼らは不満なく満足している状態のスピリッツは生者に係わってこないと考えています。だから何か不幸なことが起こると、「スピリッツが満足していないから悪いことが起こった」と解釈します。

山田●何らかの不満があるからスピリッツが災いを起こしたという考えですね。でも実際には、忘れていたりするんですよね。

坂井●そうです。何かあったときに初めて、「そう言えば……」と。(笑)

小西●話を聞くと、好き勝手なことをするスピリッツという存在と呼応するように、そうした祖霊を規則に従ってなだめる行為から社会という存在が立ち現れてくるように感じました。祖霊は勝手に不機嫌になって怒りますが、慰撫する側は規範的に、きちんとルールに従って行動する必要がある。自然もそうですが、制御が効かない存在に対しては逆に社会の側では規範的な行動が求められる。対照的ですね。

坂井●そうですね。スピリッツに対応することが、社会に不和や確執が出てきたときの修正機会になるということはありますね。

藤本●アチョリのスピリッツについての概念というのは、「生と死とは明確に分かれているべきだ」という思想があって、何かの契機で祖先が不満をもって動き出すとその生と死の境界を越えてしまうから、それは悪いことでしかないという考えでしょうか。つまり、何か不幸が起こっては困るといった何らかの恐れがあって、生と死とは完全に切り離された状態であるべきだと考えているということはないですか。

坂井●恐れはありますね。スピリッツが悪い影響を及ぼす際には、子どもにもっともその影響が出ると考えられています。たとえば大病に罹ったり、死んでしまったりする。それはすごく恐れています。

小西●生前にどれだけ人格者でいい人であっても、亡くなって祖霊側に行ってしまうと災いをもたらしてしまうのですか。

坂井●亡くなれば「evil」でしかないようです。「大好きだったお母さんのスピリッツでもそうなの」と聞くと、「悪でしかないので帰ってきてほしくない」もしくは「死者とは関わりたくない」ようで、「周りにいるけど、ただいるだけ」と答えてくれます。

山田●やはり現世と死後の世界とを明確に分けていますね。

坂井●そうですね。カトリックの考え方はどう位置付けられているのか知りたくて「善人は天国に行かないの」と聞いたら、「本当にいいことをした人は天国に行く。でも、カトリックではない人や、カトリックでもいいことをしていない人はスピリッツになる」と言っていたので、カトリックの教義と混ざっているようです。「生まれ変わりはあるの」と訊ねると、「いいことをした人は一部だけ生まれ変われる。亡

◀写真9
六道珍皇寺の小野篁冥府通いの井戸
京都市東山区にある六道珍皇寺の境内は古くからこの世とあの世の境があるとされてきた。奥の灯籠のあいだにみえるのが小野篁が冥府へと通ったという伝説が残る井戸

くなった人とそっくりな顔の人がときどき生まれてくるでしょう」と言っていました。人間のなかにスピリッツが複数ある（もしくは分かれることが可能である）という感覚を持っているようで、その一部が子孫に引き継がれていくという考え方があるようです。

小西●縁もゆかりもない祖霊がいきなり不幸をもたらすのではなく、どこかで自分たちとつながった存在が影響を及ぼすということですか。

坂井●いや、いくら近しい人でも満足したら「むこう」に行って二度と帰ってこないから関係ないようです。心残りや不満を持ったスピリッツが「evil」として自分たちの周りにいて、災いをもたらす存在だという付き合い方をしています。ここでの「evil」は「悪」というより「恐れの対象」で、だから鎮めるための儀礼などをしていますね。

世界の天国、極楽、楽園と煉獄、地獄

小西●ウガンダでの事例のように、生者の世界と死者の世界とが完全に分かれているという思想は、他の民族でもみられますね。たとえば日本神話の伊弉諾（イザナギ）と伊弉冉（イザナミ）の黄泉比良坂（よもつひらさか）[23]の話も、完全に分かれていて境界を越えられないという話です。伊弉冉は「むこう側」の存在になってしまったから、戻ってこられないということでしたね。

この世とあの世とを行き来するという話は他にもあって、たとえば京都市東山区にある六道珍皇寺には、地獄につながっているとされる井戸があります（写真9）。小野篁[24]がそこを通って地獄と行き来していたという伝承が残されています。日本の民話では、地獄の話は豊富ですよね。逆に天国の話は少ないように思いますね。

---

[23] 伊弉諾（イザナギ）と伊弉冉（イザナミ）は、日本神話において日本の国土を産み出した夫婦神として知られる。『古事記』や『日本書紀』によると、イザナミは火の神を産んだときの火傷がもとで亡くなり、死者の国である黄泉の国（根の国）で暮らすこととなった。イザナギは妻を追って黄泉の国へ赴いたが、そこで出会った妻から言われた「私の姿を見てはならない」という禁止を破ってしまい、逆上した妻から地上へと追われる。黄泉の国の入り口である黄泉比良坂で二人は決別し、イザナギは人間の生を司る神、イザナミは人間の死を司る神となったと伝わる。

[24] 平安時代の貴族であり歌人（802～852年）。多芸多才の人物であったが奔放な性格でも知られ、多くの逸話がその行状を伝えている。昼は朝廷に仕え、夜は地獄の閻魔庁に仕えたとさえ言われ、それがこの井戸の伝承とつながっている。

◀写真10
モロッコ
ムスリムの墓地
墓は個人のものと考えるモロッコでは、家族や親族が一つの墓に入ることはない。遺体を寝かせたときに顔がメッカの方角に向くように埋葬するため、墓の向きが揃っている

川本智史●日本で言ういわゆる極楽に行くと、何があるのでしょうか。

小西●極楽というのも不思議な概念で、仏教における輪廻の六道の「天」とはまた少し違いますね。天は一見幸せにみえますが、いつか寿命が来るので、そのときに大きな楽しみが失われる悲しみを感じることになります。一方で極楽は永遠なので、パラダイス的ですね。

藤本●イスラームですと、コーランには楽園の様子として「蜜の川」や「乳の川」が流れるなどと書かれていますね。

山田●イスラームの教えでは、死者はどこに行くのですか。終末が来るまでは生者の周辺にいるのでしょうか。

川本●いえ、お墓でずっと待機していて、終末のときが訪れると、善人はみんな天国に、悪人はみんな地獄に行きます。

小西●日本で死者がどこに行くと考えられているのかというと、じつは曖昧です。「草葉の陰にいる」という言い方もあれば「極楽浄土にいる」という考えもありますし、地域差も含めて多様性がありますね。

山田●日本の仏教では回忌という習慣があって、三十三回忌とか五十回忌までする地域もありますが、そこまで法要を営むと「弔い上げ」となり、それが終わると仏もしくは神になるという考えもありますね。

バイヤー●チベット仏教の場合で言うと、伝統的に死にはいくつかの段階があって、それによって転生する先が変わります。死に臨んで自分の心の本質を観ながら死ぬのが最上と言われますが、これは長年瞑想を修行した達人しかできないようです。そして徳を積んだ偉いお坊さんや修行者の場合は化身（けしん）として現世に戻ってくることもあります。

山田●たしかにチベット仏教では、僧侶の死と一般の人の死との間でかなりの違いがありますね。さらに僧侶のなかでもかなり違いがある。

本康●それは魂にランクが存在していて、その段階によって生まれ変われたり、できなかったりするということですか。

バイヤー●基本的には修行の達成度の段階によります［Bayer 2013］。

小西●弔い方や死後の世界で死者がどうなるかについては、現世での社会的地位や死に方によって異なりますね。日本でも、国葬や社葬などの葬儀のやり方があるように、その人の社会的な地位によってふさわしい弔い方、死後のあり方が定められているように思います。

死は穢れなのか——不慮の死をめぐる比較

バイヤー●西の方角が死を象徴すると考える民族や社会は多いと思います。太陽が西方に沈むことから、西方は死者の世界と考えられているようです。

小磯●先ほど言ったように、インドの死の神ヤマが司るのは南です。

小西●インドでは世界観を緻密に構築する伝統があると感じますね。地獄は地表から何メートルの深さにあって、広さはどのくらいでとか、時間の単位も決まっていますよね[25]。

---

25) たとえば日本にも伝承されたヴァスヴァンドゥ著『倶舎論』（５世紀）は、インドで発展した仏教的宇宙論に関する記述を含んでいる。それによると、人間が暮らす世界（贍部州）は、須弥山と呼ばれる巨大な山の南側にある一大陸にすぎない。贍部州の下には餓鬼界と地獄がある。餓鬼界は地表から500ヨージャナほど地下にあり、地獄はさらにその下にある。地獄は大きく八つに分かれ、一つの大きさは多くが一辺5,000ヨージャナの立方体とされる。１ヨージャナは約７キロメートルとされるので、その深さ、大きさがうかがい知れよう。地獄に堕ちた者の寿命は極めて長いとされ、最も上にある等活地獄でも500年である。最下部にある無間地獄は一辺20,000ヨージャナあり、そこに堕ちた者の寿命は一劫とされる。未来永劫ということばでも知られる劫は、一辺１ヨージャナの岩を百年に一度天人が衣の裾で触れて少しだけすり減らすことを繰り返し、それで岩が摩耗して消滅するよりもさらに長い時間だと定義されている［定方2011］。

小磯●そういう伝統的世界観と、素朴で情操的な実践とが同居しているという感じですね。しかし、インドにおいて死は最大の穢れであるが故に、忌み嫌われます。たとえば、死者が出た家では数日間料理をしません。周囲の人たちが食事を届けます。特別な時期なので、みんなが用心しなければいけないという意識がありますね。
坂井●穢れた状態で料理を作って食べるとよくないということですね。
小磯●「危険だ」と認識しているのだと思います。
山田●アイヌでは、死者は神（カムイ）になって神の国（カムイ・モシリ）に行くと考えられているので、通常の死については穢れだとはとらえません。伝統的なアイヌの葬儀では、死者の枕元で「手向けのユーカラ」を語るなどしてなぐさめながら「火の神様に導かれて神の国に行けるように」と伝えて死者を見送ります。

その一方で、川で溺れるなどの事故による死の場合は、先ほども紹介したように「ペウタンケ」という除魔儀礼をします。死は誰もが迎えるものなので穢れとはとらえませんが、不慮の死には恐れを抱きます。それは何かの「魔」が死に至らしめたという考え方と結びついて、祓う必要があると考えるのだと思われます。アイヌの場合はそうしないとその死者が神の国にはいけないという認識かもしれませんね。
小磯●先ほども紹介したように、ヒンドゥーでは幼くして死んだ子については祟る可能性があると考えていて、火葬にはしてもらえずに水葬で川に流してしまいます。伝染病や事故による不慮の死の場合も流します。私たちの感覚からすると、伝染病で亡くなった人を水に流していいのかと思ってしまいますが。おそらく火というのは聖なる存在なので、それを汚してはいけないという発想があるようです。
坂井●アチョリでも、不慮の死者の場合は弔い方が違って、やはり不幸を招き入れかねないものとして扱われます。たとえば、死者の頭が家の側に向いていると足から不幸が入って頭を通って家に来ると考えて、頭を家の方角とは反対に向けて埋める。複葬もしないですね。
小西●イスラームでは、死が穢れているという考えはないんですか。
小河●ありませんね。

桑野●キリスト教でも、穢れという感覚はありません。キリスト教には、どこか死を喜ぶような、苦痛を尊ぶような面すらあります。聖人伝などの一部には、イエスが十字架刑にかけられて苦しんで死んだことを追体験することはよいことだとする考えもあります。あえて自分に苦痛を与えてイエスに近づこうとする。遠藤周作の作品にもありましたが、フランスの田舎やイタリアでもそうした考えがありますね。

小西●死を穢れと考えるのは、制度化された大宗教以外に由来するものなのかもしれませんね。

山田●イスラームもキリスト教も、死は穢れたものではないと考えているのですね。一つ上のステージにあがるという感覚かもしれません。

桑野●キリスト教では死ぬことを「帰天する」と言います。

山田●だから穢れと考えることはあり得ないですね。

遺体・遺骨をどうとらえるか――抜け殻か容れ物か

小西●弔いについて考えるうえでは、遺体や遺骨をどうとらえ、どう扱うかも興味深いテーマです。キリスト教では復活の際に肉体が必要だから残さないといけないと考えるそうですが、日本の仏教では火葬にして、骨壺に入れた遺骨を一定期間は仏壇に置いたりする。宗派によっては喉仏の骨だけを置いておくという風習もありますね。他の文化からみたら不思議に思われるかもしれません。

本康●遺骨の扱いに関連して言うと、初めてカタコンベ[26]をみた時は、ミイラが無数にある様子にショックを受けました(写真11)。

桑野●日本ではああいうかたちで多数の遺体をみることは、そうはないですからね。カトリック教会では、主に教皇などの重要な地位についていた人たちをミイラ化してカタコンベに埋葬しています。

山田●シベリアのサハについての資料で読んだのですが、遺体が腐らないように、永久凍土に届くぐらいまで深く掘って埋葬する習慣があるそうです。毛皮の服を着せて埋葬すると、温度が低いのであまり腐らずに、ほぼその姿のままで残るようです[Sieroszewski 1896[1997]]。

---

26) 初期キリスト教の地下墓所。キリスト教が迫害を受けた時期にはキリスト教徒の礼拝の場ともなった。87ページからの桑野萌による論考も参照。

◀写真11
イタリアのカタコンベ
この地下墓所には、防腐処理を施された約8,000体の遺体が性別・職種別に安置されている〈シチリア島北西部パレルモ〉

本康●遺体の扱い方、残し方については、気候という要素も影響しますね。日本では湿気があるのでミイラ化させるのはたいへんですが、ヨーロッパは日本よりは乾燥している地域が多い。

小西●火葬用の燃料の調達の問題もあるので植生とも関係すると思いますが、背景にある思想の問題も大きいですね。チベットも乾燥しているのでミイラ化して遺体を残すこともできますが、よほどの高僧などを除いて基本的に残しません。消滅させたほうがいいと考えます。

藤本●どんな理由で遺体を消滅させたほうがいいと考えるのですか。

小西●たとえば鳥葬[27)]は、動物に対するお布施として遺体をあげて死者を供養する行為だと考えられています。死んだら魂は抜けてしまって、残った肉体は抜け殻みたいなものだから、置いておくよりもさまざまな生き物に施したほうがいいという考え方です。

山田●水葬の場合も、遺体が魚に施されると考えることもできますね。

藤本●でも、鳥葬では肉を施しても、骨は残りますよね。

小西●骨もほぼ残りません。髪の毛と爪くらいだけだと言います。本

---

27) チベット文化圏で広く行われる葬儀の一形式で、死者の肉体を切断してワシなどの猛鳥に食べさせる。本書149ページからの小西賢吾による論考および本シリーズ1巻『比較でとらえる世界の諸相』50ページ参照。

写真12►
チベットの鳥葬台
左手奥にみえるのが鳥葬台。奥の右手にはたくさんの猛禽類がみえる。僧侶たちが祈りを捧げている〈中国四川省カンゼ・チベット族自治州〉

格的な鳥葬だと、肉はすべて切り刻んで、骨は砕いて団子にして鳥などに施してしまいます。

山田●ラダックの場合は、同じチベット仏教徒ですが、石組みで作った火葬場で焼きます。遺灰は峠などから風にのせて撒かれるか、川に流されます。残った骨の一部はツァンパ[28]と混ぜて、ツァツァという円錐形の容器に入れて家に持ち帰るそうです。

チベットでは生まれ変わりを想定しているので、肉体にはあまり意味を持たせていません。「抜け殻」の処理という理解です。小西さんが調査に行っているボン教を信仰する地域でも鳥葬をしていますか。

小西●その地域（中国四川省松潘県）には猛禽類の鳥がいないので、鳥葬をしていません。どのような葬儀をするかというのは、宗派や教義だけではなく環境にもよりますね。私が調査している地域でも、本来はすべきだと考えている人もいます。

坂井●チベットでは、鳥が神聖な生き物ととらえられているのですか。

小西●そうではないですね。施す対象であるというだけです。

小磯●ゾロアスター教では、鳥葬には「魂を空にあげる」という意味

---

[28] 本書39ページからの山田孝子による論考を参照。

があるようですが、チベット仏教はそういう考えではないんですね。

小西●チベットに古代から存在していた宗教の流れをくむと言われるボン教は、ゾロアスター教と関係がある可能性が指摘されているので、もしかしたら起源にはそういう面もあったのかもしれませんね。

本康●死んだら無で、遺体には価値がないと考えるのですか。

小西●四十九日後に次の生を受けて生き続けているから、遺体については「もう終わったものだ」ととらえています。日本とはかなり違いますね。こうした遺体に関する考え方は臓器移植への姿勢にも影響を与えていて、日本で脳死の際に臓器提供を拒む方が多い理由の一つとも考えられています。「遺体はまだその人なのか」という問題です。

山田●日本で行方不明者を最後まで探すという行動の根底にも、そういった身体に対する考え方があると思いますね。

遺体の姿を整え装束を着せる意味

小西●『遺体――震災、津波の果てに』［石井 2011］という本に、東日本大震災の直後、遺体安置所に類例のない数の遺体が集まる状況下で、葬儀社に勤めた経験を持つ方が活躍された様子が紹介されています。通常の葬儀ができないなか、その方が取り仕切って簡易の祭壇を設けて、死者に話しかけるように接する。そうしたケアで恐怖や悲しみが和らぎ、みんなが困難を乗り切った状況が描かれていました。

そこで興味深く感じたのは、葬儀のプロだった方が重要な役割を果たした点です。つまり一般人は遺体の扱いや葬儀方法を誰も知らない。かつては地域社会で葬儀をしましたが、現代は業者に丸投げです。震災時に葬儀の産業化がより顕著に現れたという点と、遺体に人格があるように扱うことが安心につながったという点とが対照的で、印象に残りました。

同じ本では、現代日本では火葬がもっとも安心感をもたらすことも示されていました。つまり正しい弔いの手順を踏むことが非常事態においては重要だけれど、それを知る人は限られている。これは現代日本の死と葬儀をめぐる状況を象徴しているのかもしれません。

川村義治●文化において手順は重要ですね。周りからみればどちらでもいいようにもみえても、何をどう動かすかが大きな意味を持ちます。

小磯●『エンジェルフライト――国際霊柩送還士』［佐々 2012］という本では、海外で客死した人を飛行機で日本に運んで、遺族と対面できるような状態に処置する仕事が紹介されていました。これも日本人の遺体観をよく表していると思います。ヒンドゥー教徒なら客死したら「すぐに荼毘に付してください」となりますが、日本人の場合はどんな形であっても「遺体を日本に持ち帰りたい」という親族の意向があります。遺体には人格があり、そこへの敬意が欠けてはだめだという考え方ですね。

小西●『おくりびと』という映画も話題になりましたね[29]。

小磯●日本でも近年はエンバーミング[30]やエンジェルメイク[31]という考え方が浸透して、職業として成立してきていますね。

山田●死者はあの世に旅立つわけだから、五体が揃った状態で、死装束を着るなどきちんとしないと彷徨ったり、たどり着けなかったりするという考え方が、日本人の根底にあるのかもしれません。たとえば事故などで遺体の片手がないままに葬儀をして旅立たせると、あの世でもそのままになってきちんと暮らせないといった考えです。アイヌでも、死は神の国への旅立ちなので、死装束をきちんとします。

小磯●アイヌの死装束には特別なものがあるのですか。

山田●黒い生地の上衣や脚絆など、特別のものが用いられます。家の主婦は一式きちんと作っておかないといけないと言われていました。

坂井●アイヌには生まれ変わりはないのですか。

山田●本来はありません。この世とそっくりなあの世があって、そこで同じように暮らすと考えます。だから伝統的には、あの世で暮らせるためのさまざまな道具を持たせて送る。女性の場合は、あの世で家

---

29) 2008年公開の日本映画。滝田洋二郎監督、本木雅弘主演。死者の身なりを整えて棺に入れる専門家である納棺師を主人公とするストーリー。

30) 薬品などを用いて遺体の消毒や保存処理をすること。1860年代アメリカの南北戦争をきっかけに始まったと言われている。

31) 病院などで患者が死亡した時に、看護師などが顔色や表情などを整えるために施す「死後の処置」または「死化粧」のこと。

を建てるのがたいへんだからと、小さな家を作ってお葬式の際に燃やします。

アイヌでは、村から少し離れた場所に遺体を埋めて盛り土し、そこに墓標を立てましたが、埋葬後にはその場所に近づくことはありませんでした。いわゆる「墓参り」はしませんでしたが、イチャルパという死者を祀る儀礼を村のなかのヌササン（祭壇）で行ってきました。このため、墓標が朽ちてしまえば、そこが墓地であったかどうかわからなくなるくらいでした。

集団と社会の永続を願う弔い

坂井●ウガンダのアチョリでは、葬儀のとき、親族などの死者に近しい人、たとえば亡くなった子どもの母親などは激しく泣いてはいけないという考えがあります。というのは、激しく泣くと、死者がこの世に名残惜しさなどの未練を感じて、親族、とくに子どもたちにも自分と同じ不幸をもたらすと考えられているからです。周りの人たちは泣いてもいいとされています。

山田●それとは逆に「泣かなければいけない」という文化もあって、私がミクロネシアの島で調査中に亡くなった島民の方がいたのですが、そのお通夜では死者の親族や身近な人たちが集まって、一晩中大声で泣いていましたね。韓国や台湾でも、通夜や葬儀で激しく泣くことがありますね。死者の親族の特に女性が泣く。

小磯●泣く専門の集団はいませんでしたか。

山田●ミクロネシアではいませんでしたね。

小磯●映画でみただけで、実際に観察したことはないのですが、インド西部のラージャスターン地方では「泣き女」という人たちが呼ばれて、できるだけ悲しそうに胸を叩いて嘆き悲しむことが葬送儀礼に組み込まれているようです。

坂井●その泣く行為は誰にみせるものですか。

小磯●参列者と死者の両方かと思います。どのくらい悲しんでいるのかをみせて、惜しまれて亡くなったことを印象づけるわけです。

山田●泣くのが親族であれば、死者と親族との絆が強く表されますね。

お盆もそうですが、死者と生きている親族との関係を常に確認してつなぎ止める行為は、世界各地で広くみられます。たとえばマリノフスキーが記録したトロブリアンド島の事例では、お盆と同様に、ヤムイモの収穫後の大きな祭りの期間中に死者の国（トゥマ）にいる死者の魂（バロマ）を迎えて盛大に祝い、また死者の国に送り返す儀礼が毎年行われていました［マリノフスキー 1981］。その際、死者の魂（バロマ）は各自のリネージ、クラン[32]のところに来ます。しかも、あの世で暮らすバロマは何年かのちに死者の国で終わりを迎え、胎児のような幼い子どもに生まれ変わり、自分の親族の生きている女性の中に入るという考え方があって、リネージの構成員はそうしたかたちでつながっているわけです。

どんな社会・集団でも永続を願います。その永続性を保証・担保するために祖先をもてなして、関係を維持することを願う。日本のお盆でも、残された家や社会集団の永続性を、死者との関係を通して願っている部分がある。これは世界でも普遍的にあると思います。

川村●亡くなってもまた会えるということは、自分もいずれ亡くなるけれども同じように連なっていけるという安心感、つながりの感覚を確認できるということですね。

山田●やはり弔いも祭祀の一つであって、祭りの機能と同様に、集団や社会の永続を願い、秩序を維持する装置としての側面があると思います。比較文化学の手法を用いてその弔いに注目することは、その集団や社会の本質を新たな視角から明らかにすることにつながりますね。

---

32) 個人が親を通じて特定祖先と系譜的なつながりを持ち、この特定祖先とのつながりを共有する集団を「出自集団」と呼ぶ。出自集団のなかで、共通の祖先からの成員相互の系譜関係が明確にたどれるものを「リネージ」と呼ぶのに対し、系譜関係がはっきりとはたどれないが、信念として共通の祖先からの系統的帰属を認め合っている出自集団を「クラン（氏族）」と呼ぶ。

参考文献

Bayer, Achim (2013) "From Transference to Transformation: Levels of Understanding in Tibetan 'Ars Moriendi'," *The Eastern Buddhist*, 44 (1), 77-96.

Sieroszewski, V. L. (1896 [1997]) *The Yakut: An experiment in ethnographic research* (ヤクート：民族誌調査の実験), English translation in 1997 of *lyakuty: opyt etnograficheskogo issledovaniia*. eHRAF file, OWC: RVO2 (Yakut), QOO1

石井光太 (2011)『遺体――震災、津波の果てに』東京：新潮社。

伊藤幹治 (1986)「東北農村におけるキリスト教の受容」『国立民族学博物館研究報告』11(1)：43－55。

小口偉一・堀一郎［監修］(1973)『宗教学事典』東京：東京大学出版会。

京都カトリック教理センター (1984)『京都教区時報』第91号 (昭和59年6月発行)、14頁。

佐々涼子 (2012)『エンジェルフライト――国際霊柩送還士』東京：集英社。

定方晟 (2011)『インド宇宙論大全』東京：春秋社。

日本文化人類学会［編］(2009)『文化人類学事典』東京：丸善。

マリノフスキー (1981)『バロマ――トロブリアンド諸島の呪術と死霊信仰』高橋渉［訳］、東京：未来社。

宮城 文 (1972)『八重山生活誌』沖縄：自費出版［のちに沖縄タイムズ社より再版］。

文部省宗務課［編］(1951)『宗教年報 昭和25年版』東京：文教教会。

人はなぜ弔うのか

「弔い」の宗教的・社会的意味の比較文化

山田 孝子

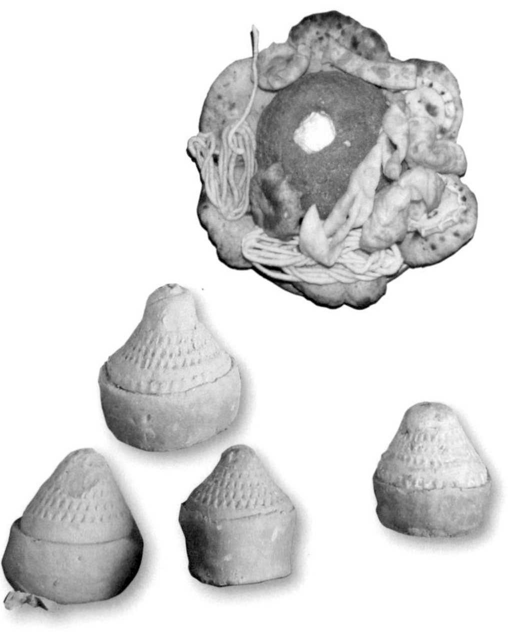

1「弔い」に浮かび上がる価値観と社会関係を探る ──死者－生者関係に着目して

筆者が子供の頃には、近所で行われる葬儀を目にする機会がときどきあった。しかし近年では病院で亡くなることが当たり前となり、自宅で最期を迎えることが少なくなってきただけではなく、葬儀そのものは自宅から離れた葬儀施設で行われることが多く、病院で亡くなった後に自宅には戻らないことが多い。また、核家族化や少子化が進む中で、大家族が当たり前であった時代に比べ、一つの家族の中でさえ人の死を経験する機会そのものも減ってきたといえる。今日、かつてコミュニティの日々の暮らしの中で目にしてきた隣人の死はみえにくくなってきたばかりではなく、コミュニティの協力によって行われてきた葬儀は「葬儀屋」という専門職にゆだねられることが当たり前となっている。

では、日本人にとって弔いとは何を意味してきたのであろうか。『広辞苑第５版』［新村 2005］を繙(ひもと)くと、「弔い」には、「①人の死を悲しみいたむこと、②葬儀、葬式、野辺の送り、③法事、追善」という意味が示されている。「弔い」ということばは「人の死に直面して悲しみ悼む」という意味だけではなく、死者を供養する一連の慣習までを含む広い意味をもってきたことが分かる。私たち日本人にとって、「弔い」は宗教的であると同時に社会的意味をも含む死者との関わり方を意味してきたといえよう[1]。

現代の日本社会をみても、「弔い」という言葉が含意してきた宗教的・社会的意味がなくなったわけではなく、葬儀が行われ、その後には初七日、四十九日、一周忌、三回忌と法事が執り行われる。しかし、死者との最後の対面という「死」を感じさせる社会的な場は少なくなってきたように感じられる。たとえば2019年１月15日から２月14日までの１か月間の朝日新聞デジタルに掲載された訃報欄をみてみると、葬祭場などの施設での葬儀のお知らせは35%であるのに対し、62%の記事は家族・親族あるいは近親者で葬儀を行ったものであった。近親者での葬儀の場合、そのうち３分の１には後日の「お別れ会」のお知らせがあったが、多くの人たちは死者との最後の対面を経ることがなく、お別れ会で

---

❶ 149ページからの小西賢吾による論考も参照。

追憶に浸るのみとなる。

今日、「弔い」の社会的意味は狭められ、ますます家族・親族といった近親者の間での個人的な問題となってきたといえなくもない。しかし、人の死を悼む「弔い」は、近親者の間のみの問題といえるであろうか。人の死は、社会的喪失であるという意味では、ある個人が生きてきた過程で関わり合った人々すべてに関わる問題であるといえよう。

人が死に至る状況はいうまでもなく多様であり、他者の死を前にしての悲しみ方も様々であるが、人の死を弔わない社会はなく、「弔い」は人類社会に共通して認められる文化である。「弔い」という人の行動を一つの文化としてみると、死者に対する哀しみ・悲しみの表出に始まり、屍体の処理、葬儀、葬送からその後の死者の霊に対する供養に至るまで、文化ごと、宗教ごとに決まった多様な様式をみることができる。伝統社会では、とくに「弔い」をとおして文化固有の魂の観念、他界観（死生観）、社会関係が改めて「伝統」として顕在化されるものとなっている。

では、「弔い」の起源はどこまで遡れるのであろうか。また、人はなぜ弔うのであろうか。「弔い」について、とくに死者と残された人（生者）との関係性に焦点を当てながら、その宗教的・社会的意味を比較文化学の視点から考えてみることにしたい。

2 「弔い」は人類のみの行動か――動物行動学・霊長類学の知見から

仲間の死を認識すること、またそれに対して一連の特別な行動をとることは、人間のみにみられるものではない。動物のなかに仲間の死に対して特別な行動をとるものがいることは、古くから知られてきた。たとえば、集団生活をするハチ、シロアリ、アリの仲間では、巣の中で死んだ仲間を外に運び出すという行動がみられ、“necrophoresis（屍体運搬除去）”と呼ばれる［Anderson 2016: R543］。

また、アフリカゾウ、クジラ類、霊長類が、仲間の死に対してある種の同情、憐れみを示すことも知られている［Anderson 2016; Stiner 2017］。たとえば、アフリカゾウが血のつながりの有無にかかわらず仲間のゾウの肉体的苦痛や死に対して明らかに関心を抱いて対処することや、墓場を訪れて他のゾウの死骸に触れるゾウなどについての報告がある［Stiner 2017: 249–250］。ハクジラの仲間では、母クジラが死んだ仔を何日間も運び、ときにはまるで呼吸させるかのように水面上に押し上げる行動をとることが報告されている［Stiner 2017: 249］。

一方、霊長類をみると、1965年のハヌマンラングールのオスによる子殺しというショッキングな報告が杉山幸丸によってなされて以来、マウンテンゴリラやチンパンジーにおいても子殺しが発生することが知られるようになっており［山極 2007: 171–175, 184–139, 188］、仲間に対する暴力的行動の存在が注目を集めてきた。しかしその一方では、死んだ赤ん坊を数日間あるいはそれ以上の期間にわたって連れ歩く母親の事例などがニホンザル、ゲラダヒヒやチンパンジーにおいて報告されてきた［Anderson et al., 2010; Anderson 2011］。

とくにチンパンジーについては、死の認識とそれに対する特別な行動や心理的反応の事例が多く報告されている。たとえばジェームズ・アンダーソンは、母親の死後、彼女の息子である若いオスのチンパンジーが深いうつ状態になって３週間後には死んだというタンザニアのゴンベ国立公園のチンパンジーの事例を取り上げている［Anderson 2011: 411］。また、西アフリカ、ギニアにあるボッソウ村に住む野生チンパンジーの群れで、①27日以上、②68日間、③19日間という長期間にわたって屍体を持ち運んだという仔の死に対する母親の行動が1992年、2003年とで計３事例観察されている［Biro et al., 2010］。

飼育下にあるチンパンジーの集団では、50歳近い雌のチンパンジーの死にあたって、直前には仲間のチンパンジーがそれまでよりも高い頻度でグルーミングをしたこと、死の瞬間には生死を確かめる行動をとったこと、オスのチンパンジーは屍体に対して攻撃的行動をとったこと、娘のチンパンジーが母親の死後一晩中そのそばに残ったこと、その後、チンパンジーが亡くなった場所を避けるようになったことなどが観察されている［Anderson et al., 2010］。このように、類人猿においては、仲間の死に対する特別な行動、情感や共感が表出されることが知られている。

ヒト以外の動物において発露される仲間の死に対する特別な行動は、「弔い」と呼ぶことができるであろうか。アンダーソンは人と他の動物との違いについて、「人間においては、①『死』は避けることができないものであること、②再び戻れない不可逆的なものであること、③屍体には何の機能もなくなること、そして④死には何らかの原因があることが認識されているのに対し、他の動物で『避けられないものであること』、『何らかの原因があること』が理解可能となっているかどうかは、まだよく分かっていない」と述べている［Anderson 2016］。

仔の死に対するチンパンジーの母親の行動も恒常的にみられるものではなく、その行動の持続期間も終日から数週間というように一定ではない。しかもほとんどが母－仔関係のみで起こっているものである。動物にみられる死に対する行動は「弔い」という意味では未発達ということができる。

3 人類はいつから「弔う」ようになったのか

では、人類はいつから仲間の死を「弔う」ようになったといえるのであろうか。1975年におけるラルフ・ソレッキによるイラクのシャニダール遺跡で発掘されたネアンデルタールの花で覆われた埋葬例の報告［Solecki 1975］は、「弔い」の起源がネアンデルタール人にまで遡り得ることを示す証拠として世界中を驚かせた。ただし、近年の花粉分析研究により、ネアンデルタール人骨を覆っていた花は、げっ歯類によってシャニダール洞窟内に運ばれたものと推定されるという結果が出て、現在ではもともと「花で覆われた埋葬」ではなかったであろうとされている［Fiacconi & Hunt, 2015; Hunt & Fiacconi 2018］。

しかし、フランスのラ・シャペル・オー・サン（La Chapelle-aux-Saints）洞窟出土のネアンデルタール人の化石についてウィリアム・レンドゥらは、この化石が窪地に丁寧に寝かされた状態で発掘されたものであるところから意図的に埋葬されたものであると報告している［Rendu et.al, 2014: 81］❷。また、ネアンデルタール人骨のなかでも、4万5,000年前から3万5,000年前の地層から見つかったシャニダール（Shanidar）1と呼ばれる化石は、明らかに生前に左眼窩に損傷を受け、右上肢を失ったうえに歩行に難があったと推定されており［Trinkaus & Villotte 2017］、大けがの治癒後にも生きながらえたことを示す事例とされている。

ロシア北部、ウラジーミル州にある後期旧石器時代のグラヴェッティアン遺跡（2万4千年～3万2千年前）で発掘されたスンギール（Sunghir）1という化石が

❷ただし、その後に意図的な埋葬であるとするレンドゥらの説には批判的な論文も出された［Dibble et al., 2015］。

旧石器時代において最も丁寧に埋葬された初期現生人類の男性として知られ［Trinkaus and Buzhilova 2012］、2万8千年前以降の後期旧石器文化では埋葬は一般的になっていたといわれる［Stiner 2017: 253］。

それ以前、中期旧石器時代（30万年前から3万年前）における埋葬については論争の的となっており、古人類学者によって見解が異なるが、現在では多くの人類学者も認めるようになっている。メアリー・スティナーは、意図的な埋葬の起源は12万年前の中期旧石器のレヴァント（Levant）文化を作った初期現生人類に遡ることができ、8万年前以降には、ヨーロッパ、西アジアのネアンデルタール人の間でも一般的になったと指摘する［Stiner 2017: 257］。

スティナーは、さらに、中期旧石器時代の埋葬はたいてい一人だけの土葬であるが❸、文化的ながらくたが絶えず随伴し、ごみも一緒に見つかっており、そこは一緒に暮らす集団にとってなじみのある場所であったと指摘する。さらに、なじみのある場所への意図的な埋葬は、生と死の境界を越えて個人に対する慈しみが生まれていたことを示し、中期旧石器時代は、死者の埋葬が集団によって行われた最初の時期であったと指摘する［Stiner 2017: 257］。

中期旧石器時代に死者の埋葬が一般化していったことや埋葬の数、その入念な様子からは、集団内で「死」に対して共鳴し、感情移入ができる強い絆が形成されていたと推定でき、「弔い」行動の誕生には、豊かな情感とともに強固な社会的連携があり、さらには集団としての永続性への祈願が大きく関わってきたということができよう。

以降では、限定的であるが、筆者がフィールド調査の対象としてきたアイヌ文化、八重山文化、ラダッキ文化を比較の事例として取り上げ、とくに死者供養・祖先祭祀に焦点を当てながら、「弔う」という行為の背後にある宗教的・社会的意味を考えてみる。

---

❸ 中期旧石器時代の遺跡の中には二つ以上の墓が並んでいるものもあり、シャニダール洞窟では9～10のネアンデルタール人が発掘されている［Stiner 2017: 254］。

4 アイヌの「弔い」―― 自然の神々と同一視される死者

アイヌの人々の間では、一般に、人は死ぬと「カムイ（高位の霊的存在、神）」となり、その魂である「ラマッ」は「ポクナ・モシリ（下方の世界）」にある「神の国」に赴き、この世とまったく同じ新しい生活を始めると考えられている。このため死者の埋葬に際しては、あの世での生活に困らないように、男性ならば弓矢、煙管（きせる）、タバコ入れ、マッチ、大小の刀、椀や盆、イクパスイ❹（捧酒箸）などを、女性ならば針と糸、衣服、機織り道具、杓子、柄杓、椀、装身具などを一部壊して副葬した。さらに、死者がとくに女性の場合には、あの世に送るために小屋を燃やした。「妻が死んだときには夫は小屋を燃やし、妻とともにあの世に送らなければならない」と語るアエオイナ❺の伝承が残っている。

アイヌに伝承される口承文芸「ウエペケレ❻」のなかには、生きながらあの世に行ってきた人の話も残っている。あの世を訪れた人は、そこにはこの世とまったく同じ風景が広がり、同じ様な村があり、あの世の人々がこの世とまったく同じ暮らしをするのをみたと語る。A村の村人は他界でもA村の村人たちと生活するというように、地下のあの世には現世と同様の村落構成さえ維持される。あの世を訪問した者はそこで死んだ自分の親族や同じ村の人々を見つけることができると考えられてきたことが知られる［山田 2019［1994］: 57–59］。

一方、アイヌの人たちは死者を墓地に埋葬してからは墓には近づかず、もともと墓参りをしなかったが、カムイとなった祖先に対してシヌラッパ❼（「たくさん涙を落とす」の意）あるいはイチャルパ（「それを・まき散らす」の意）と呼ばれる祖先祭祀を死者に対する供養として営んできた。ただし、シヌラッパは葬式後２～３か月間は行わず、流行病で死んだ者は疫病神と一緒に２～３年は世界の果てから果てを渡り歩くので、２～３年はわざと供養しなかったという［久保寺 1952: 48;

---

❹カムイノミ（祈りの儀式）において、カムイに酒をささげるときに使うヘラ状の棒。この箆（へら）の先を酒につけてから、箆についた酒をカムイの依り代であるイナウに振りかけながら、カムイへの祈りの言葉を唱える。

❺オイナカムイ、アイヌラックルとも呼ばれるが、いわゆる「文化英雄」で、アイヌに生活の仕方、社会的、宗教的規範などを教えた後、天上のカムイ・モシリに帰ったとされる。

❻アイヌの口承文芸のジャンルのなかで、散文体で語られる物語を指す。

❼シヌラッパについては本シリーズ２巻『祭りから読み解く世界』45頁、写真５を参照。

山田 1996: 63-64]。

また、平取町二風谷の女性は、1970年代には仏式の先祖供養をするようになったが、シヌラッパは女性ができる唯一のカムイ・ノミ（神への祈りの儀式）であり、次のように行っていたと語ってくれた。

「シヌラッパは、近年まで個々の家ごとに夏（盆の頃）と冬（正月）に、必ず稗酒[8]を醸し、親類が集まり行ってきたものである。稗酒はトノト・カムイとも呼ばれ、カムイ達が最も喜ぶ酒であるといわれていた。屋内での男性による神々へのカムイ・ノミが終わってから、女達だけが先祖へのお供え（酒、酒粕、タバコ、菓子や粢(しとぎ)など）と、先祖に供えるチェホロカケップというイナウを持って、戸外のヌサ・サン[9]の所に行く。ヌサ・サンに向かって左側の、そこからすこし離れた所にそのイナウ（祭具）を立て、お供えを半分に割り、先祖の名を呼びかけながらイチャルパした。そのときには死んだ自分の父母や祖父母らの名前を呼びかける。遠い先祖に対しては名前を呼びかけないが、名前を呼びかけた先祖が口添えをしてくれるものと考えてきた。

イチャルパしたお供えはあの世（カムイ・モシリ）へは何倍にもなって届くので、名前を呼んだ近い先祖だけではなく、遠い先祖にまで行き渡ると考えてきた。お供えはお下がりとして分けられることはなく、そのままそこに捨て置かれたが、子供達はそのお供えを食べるのを楽しみにしていた。また、カラスやキツネなどもやってきて食べたりした。翌日には、先祖供養に用いたチェホロカケップを抜きとって、ヌサ・サンに納め、これでシヌラッパが終わることになる。シヌラッパは正月の楽しみでもあった。」

上記の聞き取りからは、死者のために各家族個別に営まれるシヌラッパにおいては、まず屋内で火の神をはじめとするその家で礼拝される神々へのカムイ・ノミが男性によって行われた後で、女性たちだけが戸外のヌサ・サンで先祖へ

---

[8] アイヌの伝統的酒はトノトと呼ばれるが、ヒエで作るものが古来の酒である。アワ、キビ、トウモロコシ、コメを原料とすることもある。搗(つ)いたヒエを粥状に炊き、同量のヒエなどで作った麹を混ぜて発酵させたものである［アイヌ文化保存対策協議会［編］1969：416］。

[9] アイヌの祭壇。本シリーズ第3巻『祭りから読み解く世界』、44頁、写真4を参照。

写真1▶
シャクシャイン法要祭
松前藩に対する蜂起を主導して殺されたシャクシャインを偲ぶ供養祭で、北海道の静内町で毎年9月に行われる。このカムイ・ノミの最後にもシヌラッパが行われる

のお供えをしていたことが分かる。「イチャルパ」は、供物を細かくちぎって供えるところからそう呼ばれるが、ちぎることによってカムイ・モシリに届くことになると考えられている。またシヌラッパは、たとえば「クマ送り」、「新築祝い」などの他の儀礼においても必ず最後に営まれてきたといわれるが［久保寺1952］、現在でも「新しい鮭を迎える儀式」や「シャクシャイン法要祭」(写真1)などにおいてカムイ・ノミの最後にはシヌラッパも行われることになっている。

アイヌにおいて死者に対する供養となる祖先祭祀は、単独で行われる場合もあるが、コタン(集落)がまとまって一つの共同体として行う他の儀礼の際にも必ず祭りの一部として行われてきたものであり、他のカムイに対する祭祀と基本的には変わらないプロセスをとってきた。祖先もカムイであり、カムイとして他の自然の神々と同様に子孫である人間との関係を結ぶことになっている。

アイヌの儀礼においては、すべての神々と人間との饗宴をとおした交流が重要な目的になっており、祖先祭祀であるシヌラッパもまたカムイの祭祀としてこの原則が保たれ、ほかのすべての神々も招待することになっている。シヌラッパにおいては、酒を飲み、歌をうたい踊って、祖先を含めすべてのカムイを楽しませることが重要となっており、祖先は他のカムイと一体となって人間の生活を見守る存在となっていることが分かる［山田 1996: 67］。

5 八重山地方の「弔い」──御嶽の神々と峻別される神なる祖霊

琉球の葬制を支えているのは洗骨習俗にみられる典型的な複葬制であるといわれるように［酒井 1987: 49-50］、琉球列島の「弔い」を考える上では、洗骨の風習を見逃すことはできない。洗骨とは、棺に入れられた死者を棺ごと墓室に入れるあるいは土葬し、数年後に棺から取り出してその骨をきれいに洗い、最終的に甕に入れて納骨する慣習である[10]。沖縄本島とそれを取り囲む離島のほとんどは洞窟をもって自らの葬地としたといわれ、各地に洞窟墓が残ることが知られている［酒井 1987: 28、32］（写真２）。

昭和14年10月に出版した著書の中で河村只雄は「首里・那覇地方においては洗骨の慣習が厳格に守られて居る。……宮古・八重山等の先島関係の離島に於いては洗骨など考えもしない。……風葬さえ行われて居る」と述べている［河村 1973: 87-89］。

一方で酒井卯作は、琉球列島での洗骨風習の分布から、以下のことを明らかにしている。宮古諸島では非洗骨の習俗が目立ち、宮古島本島では原則として洗骨の習俗はなく、異常死などの場合に限って洗骨が適用されていた。これに対して、八重山諸島では全島的に洗骨を行っていて、18世紀にはすでに与那国島で洗骨の風習が確立されており、波照間島、小浜島なども洗骨は古くからすべての住民が行っていたと述べている［酒井 1987: 78-80］。

琉球諸島は、島嶼という環境にもあって、沖縄本島、宮古諸島、八重山諸島、さらには島ごとにというように、民俗文化の違いが大きい。ここでは、八重山

---

[10] 洗骨は琉球列島に広くみられる慣習である。詳細については『琉球列島における死霊祭祀の構造』［酒井 1987］の第２章を参照のこと。

写真2▶
座間味島の墓
自然の岩壁を利用して作られている。沖縄地方に広くみられる洞窟葬の例

諸島、とくに波照間島を軸として取り上げながら、「弔い」の慣習の背後にある他界観、死者と生者との関係性を考えてみることにしたい。

波照間島は、本シリーズ第3巻『祭りから読み解く世界』の拙稿［山田 2018］でも取り上げているが、琉球諸島の最南端に位置し、八重山諸島の中でも神行事を厳格に守り続けてきたことで知られる島である。波照間島でも、古くには岩壁の洞窟や穴の中で屍体を風雨にさらしていて、1965年まで島の北海岸のシィムダヤマの洞窟には、この方法で処理された屍体の骨があったことが知られる［アウエハント 2004: 316］。

1970年代に宮良高弘が「三年のタンカーヌショッコウ⓫が終わると、日選りして、洗骨を行う」と述べており、崖の窪みで洗骨を行う写真を掲載している［宮良 1972: 82-84］。土葬後3年目の供養が終わると（場合によっては5～6年目になることもあるが）、洗骨が行われていたという。コルネリウス・アウエハントもまた、波照間の葬制は次の三つの段階で特徴づけることができると述べる。①棺を墓の玄室の中央に納める墓入れの段階、②3～5年後に洗骨し、骨壺に入れる段階で（この時棺は燃やされる）、③三十三年後に骨壺を開け、骨を墓の後ろの壁に納める段階である［アウエハント 2004: 315］。

⓫ 土葬後3年目に行われる焼香のこと［宮良 1972: 83］。

▲写真3〈左〉、◀写真4〈右〉
鳩間島での三十三年忌のお祝い料理の準備
近所の女性たちが手伝って、粉にひいたモチ米を竈で蒸し〈左〉、臼と杵で搗き〈右〉、法事の餅を作る

また波照間島では、葬式に列席した人は月（旧暦）が変わるまではいかなる神行事にも出席することはできないとされた［宮良 1972: 81］。葬地に対しては八重山地方では畏怖がみられ、黒島でも墓をおそれて、特別な行事でもなければ、そこには行かなかったという［酒井 1987: 339］。

死後の供養祭としては、一般に八重山地方では、「ミーカ（三日）」と呼ばれる最初の法事を皮切りに、最後として盛大に祝われる二十五年忌もしくは三十三年忌の大焼香まで何回もの法事が行われてきたことが知られる［宮城 1972: 476-507］。鳩間島での調査で、三十三年忌に出くわしたことがある。そこでは近所の女性たちがご馳走づくりを手伝い、島の人たちがたくさん参加して楽しく祝っていた（写真3、4）。

波照間島においても、死後七日ごとに死者供養が行われ、四十九日までは家族だけの内輪での供養となるが、その後、百日目、一年忌、三年忌、七年忌、十三年忌、二十五年忌、三十三年忌と、家族以外も参加した供養が続く。二十五年忌、三十三年忌は大焼香と呼ばれ、盛大な祝いとなる。三十三年忌を終えると霊は神（カン）になると考えられている［アウエハント 2004: 331-334; 住谷・クライナー 1977: 271］。ただし、カンはウヤンと呼ばれる島に遍在する神々とは異なるものと考えられているという［アウエハント 2004: 266-287］。

では、この地域の人々にとって、神になった祖先はどこに行くと考えられているのであろうか。琉球列島では西方を死者の赴く場所と考える例が圧倒的に多い。生命の根源を「東方（あがりかた）」にあると考えて、その反対に「イリ」と呼ばれる西方は生命の消滅する方向とされてきた。宮城文も八重山地方の習俗として、死者の湯灌後、「西枕に寝かせてから着衣に移る」［宮城 1972: 453］と記す。また酒井も、「西枕の風習は、……琉球列島でも南北のほとんどの島でこの風習がみられる」と述べ、「波照間島では死者は申（西南）の方向に⑫向けるそうである」と記し、西方他界の観念があることを指摘している［酒井 1987: 266-267］。ただし酒井は、八重山一帯では、三十三年忌が盛大に祝われた後、先祖は「天に昇って神になる」と考えられているという言説を紹介し、死者の魂が天に昇るという考えが顕著であると述べている［酒井 1987: 280-281］。

一方、琉球諸島には、ニライ（「海の遠い向こう」の意）という聖地が海の彼方、海の底、あるいは地の底のいずれかにあって、そこから村々を訪れる来訪神が果報と豊穣をもたらすという信仰が広く分布する。八重山地方では、あらゆる道具、それを作る材料、技術もみんな海の向こうの神から与えられたばかりではなく、人の生命も向こうからきたと考えられているという［クライナー 1977: 13］。来訪神について沖縄では、「ウンジャミ（海神祭もしくは海神遊び）」と呼ばれる、海からの来訪神であるニライ・カナイの神を祀り、そのもたらすユー（豊穣）を乞う祭りがある。八重山地方では新城島、小浜島、石垣島宮良地区などにおいて、アカマタ・クロマタという仮装した来訪神が登場する祭りがある［比嘉 1991: 229、234、248］。

ただし酒井は、海上のはるか彼方の場所であるニライは、そこから神々が来訪する場所であり、琉球列島を見渡すと死者の魂の赴く場所は必ずしも一定しないと述べ、「海上信仰にみられるニライ・カナイの聖地と、死者の世界とは、無関係に存在する別の他界ではないかということである。つまり年の折目にニライから訪れるという世果報（ゆがほう）⑬の神の住む世界は、死者の魂の浄化された世界

---

⑫ アウエハントは、波照間島において、死者は最初二番座（前庭に向かって左から二番目となる部屋の呼び名で、仏壇が置かれ、葬送儀礼や祖先祭祀が行われる）に頭を北西方向にして「逆向きに」横たえられるが、次のシィキニ（敷き寝）の段階で、二番座の畳の配置替えが行われると同時に頭の向きが北西から南西に変えられると述べ、シィキニを行わないうちは死者が後生を何ひとつ見たり、経験したりできないと考えられていると記す［アウエハント 2004：320-322］。

⑬「ユガフ」、「ユガブ」とも呼ばれ、五穀の豊作や幸運を意味する。波照間島では、ミルク（弥勒）が海の彼方からユガブをもたらすものと考えられている［アウエハント 2004：338-339］。

ではなく、まったく独自の世界だということである」と述べている［酒井 1987: 289、297］。

琉球列島における他界観について酒井は、「海上や山頂を拠点として、そこから人界に訪れてくる神を送迎する信仰は、死者の延長上にあるものではなく、まったく独自の世界であって、後生（グソ）[14]とニライの両者は永遠に交わることのない異質の世界観に立つ信仰であると思う」と結論する［酒井 1987: 341］。波照間島についても、「村の生命、すなわち、そこにすむ動植物また人間をもふくむ生きとし生ける物すべての豊穣＝ユンをもたらす神（ウヤン）と祖霊・先祖（ウヤビツ）の表象が基本的に違っているのではないか」［住谷・クライナー 1977: 278］と指摘されている。神（カン）となった先祖は御嶽など島に遍在する神であるウヤンとははっきりと区別され、御嶽の神々への信仰が人々の暮らしや思想の中心を占めるなかで、死者の赴く他界という観念は曖昧にされてきたともいえる。

その一方で、八重山地方では、ジュルクニチ[15]（十六日祭）と呼ばれる、旧暦１月16日に年中行事のように行われる祖先供養がある。宮城は、十六日祭は、察度王時代に那覇久米村に移住した中国人がもともと祝っていたものに由来するだろうが、沖縄独特の行事であると述べる。そして「沖縄本島では、十六日祭は主として新仏の墓に営まれるようであるが、八重山では、新旧仏の別なく年中行事のうちでも盛大な祭事である。物見遊山など娯楽の少ない八重山では、家族の唯一の慰安日でもあるので今なお盛んに営まれている」と報告する［宮城 1972: 527］。

波照間島でも、ジュルクニチの日には誰もが墓を訪れて、墓前で供物を供え、飲んだり、食べたり、歌や踊りも交えて一日を過ごす。分家の家族も本家の墓に集まり、他家に嫁いだ娘たちは、夫の家の墓だけではなく自分の生家の墓も訪れ、にぎやかに墓前で過ごす祝宴的儀式となっている。また、家ごとで行われる供養として、後述するソーリン（盆祭）の時に行う祖先の霊を家に招いてのもてなしがあるが、この時にはジュルクニチとは対照的に墓前でにぎやかに過

---

[14] 死後の世界であるあの世のことを示すが、この世を今生というのに対して、ふたたび生まれ変わった世界として後生と呼ばれる。沖縄地方では、あの世である後生は「グソ」、「グショ」、「グショウ」、「グショー」といわれる。

[15] アウエハントは「ジィルクニチィ」と記す［アウエハント 2004: 319］。

写真5 ►
黒島の墓の落成式
墓前でお供えのご馳走を前にして、踊りも交えて一族が楽しむ様子は、波照間島での十六日祭とほぼ同様である

ごすことはないという［アウエハント 2004: 319］。さらに、すべての家で行われるわけではないとされるが、春分、秋分の「彼岸（ピィンガン）」の墓参りがある。十六日祭の行事は、一族の墓そのものが他界への入り口となり、そこで生きている人々と祖先とが集い合うことを示しているといえよう（写真5）。

波照間島の祖先祭祀のなかで特徴的なものに、旧暦8月13日～15日の3日間にわたって集落単位で行われ、島を挙げての行事となるソーリンがある。「ムシャーマ」と呼ばれる大規模な仮装行列が登場することでも知られるこの祭りでは、1日目には墓へ赴いて先祖の霊のお供をして家に帰宅し、ソーリンの期間中に先祖には3食を供えることになっている。祭りの2日目は、旗頭を先頭に、ミルク（弥勒）とミルクの小さな子供たち、マミドーマ[16]などの出し物、棒[17]や太鼓、そして獅子舞を最後とするムシャーマの仮装行列が集落内を公民館まで行進する。最後は島民総出で輪になって踊る「巻踊り」をし、無蔵念仏節[18]を唱えて終了する。3日目は、各家で線香を焚いて祖先の霊を慰め、夜中の12時に門の西側で線香を焚いて祖先の霊を送る［宮良 1972: 178-192］。

---

[16] 種取作業の様子を演じる踊り。竹富島のものがよく知られる。

[17]「闘いのための棒術」の踊りであり、八重山地方の祭りにおいて、たいていの島で登場する出し物となっている。

[18] 喜舎場永珣による『八重山民謡誌』(1967) に収録されている民謡で、親の恩はとても深いものであることを例えを入れながら歌われるもの［宮良 1972：186-191］。

ムシャーマの行列で披露される出し物の多くは、「ミルクの行進」[19]も含めて西表島の祖納・干立の節祭り、鳩間島の豊年祭の出し物と共通し［山田 2012: 121］、石垣島の他の地域でも豊年祭で披露されている［宮良 1972: 186］。一方、波照間島では豊年祭ではなく盆の行事と結びつくことになっている[20]。

ソーリンでは、無蔵念仏節をとおして「親の恩ほど深いものはない」ということが繰り返し唱えられ［宮良 1972: 186-191］、繰り返し歌われるミルクブシ（弥勒節）では「ミルクのおかげで昼も夜も踊り楽しむことができる」とも歌われる［アウエハント 2004: 339］。波照間島のソーリンで登場するミルクは、はるか海の彼方の弥勒の世界（ニライ）から来る「聖なる力」（ユー）の使いであり、五穀の豊作を意味するユガブ（世果報、世の幸運）をもたらすものと一般に考えられており［アウエハント 2004: 238-239］、来訪神の象徴と考えることもできよう。

来訪神が仮装して登場する行事は限られた島の集落で行われるのみであるが、他の島々の行事では「ミルク行列」として登場するのをみる。たとえば、「ミルク行列」が西表島では節祭りに、石垣島の各地では収穫祭となる豊年祭に、波照間島ではソーリンという供養祭でというように、年中行事のどこかに五穀豊穣を願って登場する。実際、波照間島では、ソーリンの行事において、「ミルク行列」をとおして海の向こうから豊作、繁栄がもたらされるという考えが島民に伝えられるともに、祖先の恩への深い感謝が確認され、島共同体として共有されることになっている。

八重山地方では、墓に対しての畏怖があることを述べたが、十六日祭にみられるように、墓地は先祖に供物を捧げ、楽しく祝いながら親族同士の絆が再確認される場ともなる。ここで取り上げた八重山の事例からは、「弔い」・「供養」という死者と生者とをめぐる関係性が単に個人的、家族・親族の問題にとどまらず、共同体としての永続性にまで関与するものとして生き続ける様態をみることができる。

---

[19] 本シリーズ3巻『祭りから読み解く世界』14頁、写真2として掲載。ミルク（弥勒）は八重山地方では五穀豊穣をもたらす神として仮面を被った姿で登場する。

[20] 旗頭、ミロクの行列、棒や太鼓はもともと豊年祭の出しものであったといわれる［住谷 1977: 129］。

6 祖先との絆の中で生きる仏教徒ラダッキの「弔い」と供養

トランス・ヒマラヤ山脈地帯、ラダック地方に暮らす人々（ラダッキ）の大多数はチベット仏教徒だが、今日ではイスラム教徒、キリスト教徒も少なくない。しかし、ラダッキの伝統文化の根幹はチベット仏教的世界観で彩られているため、ここではとくにラダッキ仏教徒における「弔い」の慣習を取り上げる。彼らの伝統的葬送儀礼では、喪家（死者を出した家）に代わって「パスプン」[21]と呼ばれる社会集団組織が葬儀に関わる重要な役割を果たす点に大きな特徴がある。

たとえば、死の知らせを受けると、喪家と同じパスプン・メンバーは直ちに集まり、それぞれが葬儀までの間の様々な作業を分担して進める。まずは灯明を絶やさないように燃やし、死者を安置する部屋に鍵をかける。また、「ポワ」[22]という最初の祈りの儀式から火葬に付すまでの７～８日間あるいは10～12日間（その家の経済状態による）、毎日５～６人の僧侶による祈祷儀礼が行われる。

火葬前の祈祷儀礼が終わるまでの間、パスプン・メンバーが儀礼を遂行するためのすべての準備を取り仕切る。女性たちは小麦粉や金銭を集めてタルタックと呼ばれる伝統的なパンを作ったり、チャン（オオムギ酒）やその他の食物、バター茶を準備したりするなど葬儀中の供物・食事づくりを分担し、男性たちは死者を火葬に付す役を受けもつ。最後の祈祷儀礼の終了後には、僧侶を先頭にしてパスプン・メンバーの男性が棺を担ぎ、死者の家族・親族の男性、それ以外の男性の村人たちが列をなして火葬場まで行進し、パスプンごとの石棺（ro khang）で死者を火葬に付す（写真６、７）。

また、パスプン・メンバーは火葬後４日目の朝に火葬場に行き、骨などの残った様子をみて死後の生まれ変わりを判断するとともに、灰と骨を山や川にすこし投げた後、残りを家に持ち帰る役を担う。その後、僧侶がこの灰でツァツァ（tsa tsa）（写真８）と呼ばれる円錐形のミニチュアの仏塔状のものを作り、村の入り

---

[21] 共通の祀る神（パス・ラー）をもつ集団で、原義は「同じ父から生まれた兄弟姉妹」。互いに親族関係をたどることができると考える人もいるが、必ずしもそのようなものばかりではないとの指摘もある。

[22] 川崎信定［1993［1989］: 13］はポワについて「転移、意識を身体から抜き取ってより高い状態へ移し替えるチベット密教のヨーガ的秘法」と注釈を付けている。

◀写真6
ラダックの村の葬列

先頭を僧侶たちが行き、その後ろで同じパスプンの男性たちが棺を担いで火葬場へと送る

◀写真7
ラダックの村の火葬

死者を「ロカン」と呼ばれる火葬用の石棺に納めて、最後の別れの儀式を行う

◀写真8
ツァツァ

死者の火葬後に残った灰で作られている〈ラダックのラマユル僧院にて〉

口などに建てられている仏塔などに納める。ときには額の骨が残ることもあり、その場合にはこれを仏間に安置するという。さらに、『チベットの死者の書』[川崎 1993 [1989]] に記されるように、四十九日後に迷わずに次の生に生まれ変わるために、七日ごとに七週間（四十九日）にわたって死者に対する祈祷が行われる。

四十九日目の夕方には、村人やパスプン・メンバーが集まって（男性が亡くなった時には男性、女性が亡くなった時には女性）、観音菩薩のマントラを唱え続ける。この時には僧侶は参加せず、参加者は各自タガと呼ばれる食事（オオムギ酒、バター茶、トゥクパ（コムギ料理）など）を持参する。さらに、亡くなって1年後のいわゆる一周忌には、村人とパスプン・メンバーが集まり、観音菩薩のマントラを唱える。この時も僧侶の参加は必要なく、男性でも女性でもだれでも参加でき、オオムギ酒と食事が提供される [山田 2009: 65]。

チベット仏教では、人は死後に六道輪廻のどれかに生まれ変わることが強く説かれ、死後の四十九日間、死者の魂は新しい生を得る前の中有（バルド）の状態にとどまった後、転生すると考えられている。人は再び人に生まれ変わることを願って生前に善行に励み、四十九日間には死者の魂を転生へと正しく導くために祈祷儀礼が行われる。魂の去った屍体は「モノ」そのものに過ぎず、チベットでは鳥葬によりすべて残らず無にされることが多い㉓。

輪廻転生の観念のもと、死者が人に生まれ変わることができるとしても、どこのだれに生まれ変わるのかは分からないこととなっている。仏教の教義上、残された家族や親族と、新しい生を受け、別人（他人）となってしまった祖先との社会関係は断絶することになり、祖先を供養することには社会的意味がないということもできる。

しかしチベットでは、死後1年たった頃に、残された家族が祖先に対しての祈祷儀礼を僧侶に行ってもらうという。また、僧院の大きな祭儀において実施される祈祷儀礼の折に、家族がまとまって一施主となって祖先を供養することもみられる。たとえば、ロサル（正月）のすぐ後には「モンラム」㉔と呼ばれる大

㉓ 149ページからの小西賢吾による論考も参照。

㉔ チベット暦1月4日～11日に行われ、チベット仏教のゲルク派にとって最も重要な祈祷祭儀としても知られるもの。仏教の流通、国家安泰、法王の長寿、寺院の隆盛、五穀豊穣が祈願される大法会といわれる [ダライ・ラマ 1989: 214]。

◄写真9
ラダックのお供えのご馳走

シミ（祖先供養）の日の祖先の霊へのお供えとして持参する

◄写真10
ロカンに置かれたご馳走

持参したご馳走は祖先へのお供えとしてロカン（石棺）の上に置く

◄写真11
供養に来た人々との歓談

祖先にお供えをささげた後、残りのご馳走を食べながら夜明けまで歓談する

祈祷祭があり、ゲルク派大僧院ではこの間に祈祷儀礼が毎日行われるが、南インドのゲルク派のセラ・ジェ僧院での祈祷儀礼においても、チベット人の家族が祈祷儀礼の施主の一員となって亡くなった人を供養するために訪れていた。

一方、同じチベット仏教圏にあるラダッキ仏教徒の間では、チベット人とは異なる形で毎年のロサルの時期に「シミ（shi mi）」と呼ばれる先祖供養が行われる［Yamada 2018: 33－35］。ラダックにおけるロサル（正月）は、チベット暦の1月1日ではなく、11月1日に祝うことが慣習となっている。ロサルの行事は、チベット暦10月29日に、水、肉、干しチーズ、乾燥エンドウマメ、小麦粉、野菜、塩、タマネギ、トウガラシなど9種の食品が入った特別なトゥクパであるグトゥク（9種入りトゥクパ）を食べることから始まる。

ナムガンと呼ばれるチベット暦10月30日のいわゆる大晦日には、先祖の霊を慰めるシミが行われる。その日の夜明け前の早朝、暗いうちに、パスプン・メンバーのそれぞれは、火葬場にあるパスプンの石棺に出かける。まずはバター茶、チャン、バターランプを供えた後、持参したタキ・トゥクモと呼ばれる伝統的パン、マルザンと呼ばれるバター入りのオオムギの練り粉、カプツェ[25]と呼ばれるコムギ粉で作った焼き菓子、干しぶどうなどが入った混ぜご飯をまとめた馳走を切り分けて、祖先の霊それぞれに供える（写真9、10）。最後には、シュル（gsur）と呼ばれる、オオムギ粉をバターとミルクで練って固めたものを石棺に入れて燃やす。これらすべてを供え、祈りを捧げた後、その場でシミにきていた他の家族の人たちと談笑しながら夜明けを待ち、夜が明けてから家に戻る（写真11）。

2010年の調査では、火葬場に石棺を共有するパスプン・メンバーがすべて来ているわけではなかったが、数家族はまだこのシミの伝統を守っている様子をみることができた。この時集まった人たちは皆、その年の夏にはラダック全域が大洪水の災害に見舞われたこともあり、「来年は良い年になるようにと祈った」と語っていた。この地域には60軒近くの家があるが、自分の家でシミをする人も多く、火葬場の石棺でシミをする人は少なくなってきたという。かつてのシミの時には石棺のそばにパスプン・メンバーが全員集い、酒やバター茶を飲み、食べ物をとって、夜が明けてから家に戻ったものであるという。

ラダッキのロサルでは、同じチベット暦10月30日（大晦日）の夕方に、各家で

[25] 本シリーズ2巻『食からみる世界』65、66ページ参照。

◀**写真12**
ラダックのラトー
ラーを祀る社。家の屋上に設置され、毎朝、家長は杜松の葉（シュクパ）を焚いて清める。正月（ロサル）には、束ねてある柴木を取り換える

パス・ラー[26]（パスプンの神）に供え物をして家族の保護を感謝して祈るとともに、その年すべての厄を祓うために松明を燃やす「ガルメ」という儀礼も行われる。さらに、正月の２日目（チベット暦11月２日）あるいは３日目にはラトー（地方神ラーの社、写真12）の柴木の取り換え、３日目の夕方にはツェツェツォクスという、アイベックス[27]の頭をラーに供える儀礼が行われる[28]。ラダッキの正月は、ローカル色が強く、各家ではラー（神々）への祈りが主眼となる儀礼の季節ともなっている。

シミという先祖供養をすることは、チベット仏教の立場からすると、とてもおかしなことであるという。家の主人は「仏教では、人は死後に輪廻転生することになっており、祖先を供養することは仏教の教義にはあわない。しかし私たちラダッキは、これは昔からの自分たちの慣習であり、祖先が転生していた

---

[26] パスプン・メンバーが共通して祀る神（ラー）。

[27] ラダック地方の山地に分布する野生のヤギの一種。

[28] 現在は、実際のアイベックスではなく、小麦粉を練って作ったアイベックスをかたどったものを使って儀礼が行われる。

としても自分の祖先であることには変わりないと考えて、この慣習を止めることなく現在まで続けてきた」と語ってくれた。

ラダッキ仏教徒の社会では、同じラーを祀る一種の同族集団であるパスプンが家族に代わって葬儀を取り仕切って死者を弔うとともに、各パスプンが一体となって死者供養を伝統として維持してきたことが分かる。ラダッキの「弔い」には、チベット人とは異なる土地に根ざしたローカルな慣習が生き続け、そこでは死者と残された人々との関係（絆）が常に確認されるとともに、他人に転生してしまったとしてもパスプン集団の祖先として大切にする慣習を維持し、パスプンへの帰属意識が再確認されているのである。

7 祖先との絆を記憶し、集団の永続性を願う「弔い」

古人類学者すべてが認めているわけではないが、他者の死を前にして屍体を特別に処理する行動はネアンデルタール人の頃に始まっていたと考えることが可能である。埋葬という行為の誕生には、人類以外の動物にみられる母子関係で発生する死んだ仔の連れ歩きとは大きく異なり、集団としての仲間意識、持続的でなかば永続的な集団としての密な関係性が深く関わっていると考えることができる。

人類社会は、屍体処理に始まり葬儀、服喪、供養に至る一連の死者の「弔い」を、固有の世界観にそった文化として一定の様式をもって発達させてきた。世界の各民族文化にはそれぞれ固有の「弔い」の慣行があり、共通してその背景に人間の死後の世界を想定する固有の他界観をもつ。人が死ぬと直ちにカムイ（神）となると考えるアイヌに対し、波照間島では三十三年忌後にカン（神）になると考える。さらにラダッキでは、人の魂は死後、六道のうちのどれかに転生すると考える。ここでは、「弔い」文化を網羅的に取り上げたわけでもなく、三つの事例を取り上げただけであるが、これら３事例に限ってみても、死後の世界の想定が異なることが分かる。

その一方で、この３事例は、アイヌではコタンという一つの共同体が一緒になってシヌラッパを、波照間島では親族が集まってジュルクニチという供養祭を、ラダッキではパスプン・メンバーが一緒にシミという先祖供養を行うというように、それぞれ残された人たちは一つの集団的まとまりとして、死者（祖先）と「交流」をする機会を一年の生活のリズムの中に組み込んできたことを示す。人類史における「弔い」の誕生の背景には、強固な集団内の連携（絆）の形成と何らかの永続性への願いがあったであろうと述べたが、これら３事例にみえる「祖先との交流」という側面には、集団としての永続性への願いが表出されている。ここには人類の集団性という本来的性質が脈々と文化として引き継がれてきたのをみることができる。

「弔い」について比較文化学的視点からみてみると、「他者の死を哀しむ」というこころが文化を超えて共通して存在することがわかる一方で、死者・祖先とは生きている人たち（子孫）にとって永遠に生き続け、記憶される存在であることもみえてくる。しかも、葬儀や供養、祭祀という「弔い」の形式は、悲しみのこころを世代を超えて伝えるだけではなく、子孫が常に祖先の存在を確かめることができる文化的装置となってきたことを示す。

人々がなぜ弔うのかを考えるとき、その一つの答えとして、「弔い」には死者と生者との絆を恒久的に記憶するという宗教的･社会的意味がある。そして「弔う」という行為には、一つの集団への帰属意識とともに、その集団の永続への祈りが込められているといえよう。

参考・参照文献

Anderson, James R. (2011) “A Primatological Perspective on Death,” *American Journal of Primatology*, 73: 410–414.

Anderson, James R. (2016) “Comparative thanatology,” *Current Biology* 26: R543–R576.

Anderson, James R., Alasdair Gillies & Louise C. Lock (2010) “Pan thanatology,” *Current Biology*, 20(8): R349–R351.

Biro, Dora, Tatyana Humle, Kathelijne Koops, Claudia Sousa, Misato Hayashi & Tetsuro Matsuzawa (2010) “Chimpanzee mothers at Bossou, Guinea carry the mummified remains of their dead infants,” *Current Biology*, 20(8): R351–R352.

Churchill, Steven E., Robert G. Franciscus, Hilarly A. Mckean-Peraza, Julie A. Daniel, and Brittany R. Warren (2009) “Shanidar 3 Neandertal rib puncture wound and paleolithic weaponry,” *Journal of Human Evolution*, 57(2): 163–178. [doi: 10.1016/j.jhevol.2009.05.010]

Dibble, Harold L., Vera Aldeias, Paul Goldberg, Shannon P. McPherron, Dennis Sandgathe & Teresa E. Steele (2015) "A critical look at evidence from La Chapelle-aux-Saints supporting an intentional Neandertal burial," *Journal of Archeological Science*, 53: 649-657. [http://dx.doi.org/10.1016/j.jas.2014.04.019]

Fiacconi, Marta & Chris O. Hunt (2015) "Pollen taphonomy at Shanidar Cave (Kurdish Iraq): An initial evaluation," *Review of Palaeobotany and Palynology*, 223: 87-93. [http://dx.doi.org/10.1016/j.revpalbo.2015.09.003]

Hunt, Chris O. & Marta Fiacconi (2018) "Pollen taphonomy of cave sediments: What does pollen record in caves tell us about external environments and how do we assess its reliability?," *Quaternary International*, 485: 68-75. [http://dx.doi.org/10.1016/j.quaint.2017.05.016; 1040-6182]

Matsuzawa, Tetsuro (1997) "The death of an infant chimpanzee at Bossou, Guinea," *Pan Africa News*, 4(1): 4-6.

Rendu, William et al. (2014) "Evidence supporting an intentional Neandertal burial at La Chapelle-aux-Saints," *PNAS (Proceedings of the National academy of Sciences of the United States of America)*, 111(1): 81-86. [www.pnas.org/cgi/doi/10.1073/pnas.1316780110]

Solecki, Ralph S. (1975) "Shanidar IV, a Neanderthal Flower Burial in Northern Iraq," *Science*, 190 (4217): 880-881. [DOI: 10.1126/science.190.4217.880] [http://science.sciencemag.org/content/190/4217/880/tab-pdf, accessed on 2019/03/05]

Sommer, Jeffrey D. (1999) "The Shanidar IV 'Flower Burial': a Re-evaluation of Neanderthal Burial Ritual," *Cambridge Archaeological Journal*, 9(1): 127-129. [https: //doi.org/10.1017/50959774300015249, published online on 14 October 2009, accessed on 2019/03/05]

Stiner, Mary C. (2017) "Love and Death in the Stone Age: What constitutes First Evidence of Mortuary Treatment of the Human Body?," *Biological Theory*, 12(4): 248-261. [DOI 10.1007/s13752-017-0275-5, Published online: 21 August 2017]

Trinkaus, Erik and Sébastien Villotte (2017) "External auditory exostoses and hearing loss in the Shanidar 1 Neandertal," *PLoS ONE*, 12 (10): e0186684. https://doi.org/10.1371/journal.pone.0186684.

Trinkaus, E. and A. P. Buzhilova (2012) "The Death and Burial of Sunghir 1," *International Journal of Osteoarchaeology*, 22(6): 655-666. [Published online 5 November 2010 in Wiley Online Library. (wileyonlinelibrary.com) DOI: 10.1002/oa.1227].

Yamada, Takako (2018) "Expression of Ladakhi Cultural Regionality: Viewed from Language and Local Rituals," *Kanazawa Seiryo University Bulletin of the Humanities*, 3(1): 25-38.

アイヌ文化保存対策協議会［編］(1969)『アイヌ民族誌（上）』東京：第一法規出版。

アウエハント、コルネリウス(2004)『HATERUMA－波照間――南琉球の島嶼文化における社会＝宗教的諸相』中鉢良護［訳・解説］、沖縄：榕樹書林。

川崎信定［訳］(1993［1989］)『原典訳 チベットの死者の書』東京：筑摩書房(ちくま学芸文庫)。

河村只雄(1973)『南方文化の探究――足で書かれた沖縄民俗史』沖縄：沖縄文教出版。

久保寺逸彦(1952)「沙流アイヌの祖先祭祀」『民族学研究』16(3-4)：46-61。

クライナー、ヨーゼフ（1977）「南西諸島における神観念、他界観の一考察」住谷一彦・ヨーゼフ・クライナー編『南西諸島の神観念』東京：未来社、11-46頁。

酒井卯作（1987）『琉球列島における死霊祭祀の構造』東京：第一書房。

新村出［編］（2005）『広辞苑第５版』東京：岩波書店。

住谷和彦、ヨーゼフ・クライナー（1977）「パティローマ――モノグラフによる日本民族＝文化複合へのアプローチ」住谷一彦・ヨーゼフ・クライナー編『南西諸島の神観念』東京：未来社、211-311頁。

ダライ・ラマ、木村肥佐生［訳］（1989）『チベットわが祖国――ダライ・ラマ自叙伝』東京：中央公論社（中公文庫）。

比嘉政夫（1991）「沖縄の村落と神がみ――シヌグ・ウンジャミの祭祀構造」植松明石［編］『神々の祭祀』東京：凱風社、228-256頁。

宮城 文（1972）『八重山生活誌』沖縄：自費出版［のちに沖縄タイムズ社より再版］

宮良高弘（1972）『波照間島民俗誌』東京：木耳社。

山極壽一（2007）『暴力はどこからきたか――人間性の起源を探る』東京：NHK出版（NHKブックス）。

山田孝子（1996）「アイヌにおけるカムイの認識と祖先祭祀」梅原猛・中西進［編］『霊魂をめぐる日本の深層』東京：角川書店（角川選書）、pp. 51-67

―――（2009）『ラダック――西チベットにおける病いと治療の民族誌』京都：京都大学学術出版会。

―――（2012）『南島の自然誌――変わりゆく人－植物関係』京都：昭和堂。

―――（2018）「人々は祭りに何を託してきたのか――「祭り」の意味にみる多様性と共通性」山田孝子・小西賢吾［編］『祭りから読み解く世界』京都：英明企画編集、28-64頁。

―――（2019［1994］）『アイヌの世界観――「ことば」から読む自然と宇宙』東京：講談社（講談社学術文庫）

座談会
Ⅱ

イスラームとキリスト教の弔いと死生観

葬送、追悼、供養の儀礼にみるその特徴

●参加者●

小河久志／川本智史／小西賢吾／坂井紀公子／桑野萌／藤本透子／本康宏史／山田孝子

イスラームとキリスト教の死生観は
私たちにとって身近な仏教のそれとは大きく異なります。
中央アジアと東南アジアのイスラームと
ヨーロッパと日本のキリスト教の葬送儀礼や追悼方法の観察から
日本との共通点と相違点を探ります

小西賢吾●日本に暮らす我々にとっては、仏教の弔いについてはある程度わかりますが、イスラームとキリスト教については馴染みがありません。そこで、この二つの宗教を中心に、死者儀礼を含めた「弔い」の社会的な意味を通文化的に比較して、「なぜ、誰のために、どのような意味をもって『弔い』が行われているのか」を考えたいと思います。まずはカザフスタンのムスリムの弔いについてうかがいます。

イスラームの弔いと死生観
――カザフスタンとタイの事例から

カザフスタンの弔い①――通夜から埋葬まで

藤本透子●私が調査しているカザフスタンで、人が亡くなった際にどのように弔うのかについてお話しします。

ある人が臨終となると、来られる親戚はみんなその人の家に集まります。いざ亡くなると、その知らせを遠方に住む親戚などに送ります。なお、亡くなる際には、できればイスラームの信仰告白[1]を再度してから亡くなるのがよいとされています。

同じイスラームでも、中東などでは亡くなった日のうちに葬式をして埋葬する場合が多いと聞きますが、カザフスタンでは、一晩か二晩のお通夜のあとに葬式を行うことが多いです。遠方の親戚なども集まって葬式で最後のお別れをしてからのほうがいいと考えるのでそうしています。カザフスタンは中東などにくらべれば夏以外は気温が低いので、それが可能になるわけです。お通夜では近親者が集まって、夜通し死者の周りで過ごすものとされています[2]。

お通夜のあと、日中に、イマームと呼ばれる集団礼拝の指導者によって葬式が執り行われます。葬式の前には、近親者が遺体を洗い清めて、白い布で作られた死装束を着せます。そのあと担架のようなものに乗

---

1) 「アッラー以外に神はなし」、「ムハンマドはアッラーの使徒である」と証言することを指す。

2) 遊牧していた時代には、住居として使っている天幕のそばに別の天幕を建てて遺体を安置した。定住化した現在では、定住家屋のそばに特別な天幕を建てる場合と、定住家屋内の玄関に近い一室に遺体を安置する場合がある。

写真1 ►
死者を自宅から運び出す
通夜の後、死者を洗い清め、死装束を着せて上質の布にくるみ、自宅から運び出す

写真2 ►
葬送礼拝
死者の自宅近くで、イマームの主導のもとに行われる。男性が参列し、女性は少し離れたところで見守る

＊67、69ページの葬儀の写真はイマームの許可と遺族のご厚意で撮影

せて、上質の布でくるんだ状態で家から外へと運び出します（写真1）。

このときに女性たちが泣きながら、「なぜ遠くに行ってしまうのか」などと抑揚をつけて唱えることがあります。イスラームの教えでは死を悲しんではいけないとされていますが、カザフスタンには亡くなった人に語りかけながら歌う「ジョクタウ」という古くから伝わる挽歌があって、現在もその様式にそって泣きながら嘆くことがあります。

山田孝子●それをするのは死者とどんな関係の人ですか。

藤本●遺族など近親者の女性です[3]。運び出された遺体は家のそばの草原に安置されて、シャリーア（イスラーム法）[4]に則って葬送礼拝（写真2）が行われます。まれに長老の女性が後ろのほうで参加しているこ

3）かつては、地位や名誉もあった男性が亡くなった際には、その人の業績を讃えながらジョクタウを歌った。その場合には、親戚の女性ではなく、別の人が歌詞を作成して歌う場合もあった。

4）コーラン（クルアーン）やハディース（預言者ムハンマドの言行録）などに基づいて法学者が導き出した法規定。社会生活のすべてが包摂される。

ともありますが、基本的には男性のみが参加して、集団礼拝の指導者であるイマームが死者のために祈りを唱えます。女性は遠巻きにそのようすを見守ります。

そのあと土葬するために遺体をお墓に運びます（写真3）。このときは男性のみが行くべきと定められていて、女性は家に留まります。女性は泣いたり取り乱すことが多いためと言われています。

カザフスタンの弔い②——女性・男性の饗応

藤本●男性が埋葬に行っているあいだ、家に残った女性たちは死者の家で食事のもてなしを受けます。このとき出された料理は、遠慮せずに喜んで食べるほうがいいとされています。葬式の食事では、ウマを一頭屠って参列者に供するならわしです（写真4）。現地の民族学者が書いた本によれば、イスラーム伝播以前に、死者とともにウマを副葬する習慣がありました。時代が下ると、死者のウマをしばらく放しておいたあとに屠って食べる習慣があり、あの世でも死者がウマに乗るという観念に基づいてされていたという解釈が書かれています［Toleubaev, A. T. 1991: 118, 137–148］。

山田●シベリアのサハについて書かれた19世紀末の文献に、サハも葬式でウマを屠ってもてなしたことが記されています［Sieroszewski 1896［1997］］。しかもカザフスタンと同様に、喜んで食べることのほうが、悲しむよりも大切とされていたようです。もともと馬肉はサハの人にとっては主要な肉なので、供したのだと思います。一方で、死者の世界は地下にあると考えていたサハは、そこに行くための乗り物としてウシも屠っていたようです。ですから、シベリアから中央アジアまで、死者に対して生者が動物を屠って、死者とともに喜んで送り出す習慣があってつながっています。カザフもウマを食べるでしょう。

藤本●食べます。伝統料理ではヒツジの肉やウマの肉をよく使います。葬式でウマの肉のもてなしを受けたあとには、お茶とお菓子が出ます。それらを食べたあと、死者のためにコーランを唱えます[5]。そのあと

5) コーランの章節を唱える際、基本的に女性の場合は声を出さずに口だけ動かすが、長老女性で伴侶がすでに亡くなっている場合は声に出すこともある。

写真3 ▶
カザフの墓地

カザフスタンでは死後40日以内に盛り土の周囲を石やレンガで囲み、さらに墓碑を建てることが多い

写真4 ▶
葬式の際の食事

葬送礼拝の後、カザフの習慣として馬肉料理と揚げパンがふるまわれ、食後に死者のためにコーランを朗唱する

写真5 ▶
葬式での喜捨

上質の布などを参列者に喜捨し、死者が犯した罪が赦されるよう祈る

故人の家族が参列者に、死者が長寿を全うした人の場合は高価な布（写真5）を、そうではない人の場合はハンカチにコインを結んだものを喜捨として配ります。女性参列者はそれを受け取って帰ります。

女性たちが帰ったあとに男性たちが墓地から戻って、同様に食事とお茶のもてなしを受けます。食後はイマームがコーランを朗誦します。妻が参列できず布などの喜捨をもらっていない男性がいる場合には、その人に布などを渡して、葬式は終わります。

カザフスタンの弔い③——3、7、40日忌、1年忌

藤本●死後3日目と7日目と40日目には、死者のためにコーランを朗誦する儀礼をします。このときも食事のもてなしがあります。コーランを朗誦して食事をして、また朗誦して終わるという儀礼です。その他に、40日目までの毎週金曜日にも朗誦の儀礼を行います。ただし、3日目の儀礼については葬式の日がすでに3日目の場合もあるので、それですませたことにします。毎週金曜日の儀礼と7日忌が重なるなどの場合もありますが、40日まではかなり頻繁に儀礼をします。

カザフ人はよく「死後40日経つと、骨と肉が分離する」という言い方をします。移行期間を40日だと認識しているようです。

山田●40日であるという理由は何でしょうか。

藤本●詳細はわかりませんが、40日という期間は、子どもが生まれた場合にも意味を持っています。生後40日の時点でも儀礼をしますが、このときに子どもは「人になった」と声をかけられます。生後40日と死後40日に儀礼をするので、対の概念として認識されていることがわかります。

死後40日の儀礼のあと100日目にも儀礼をする地域もありますが、多くはありません。死後に必ずしなければいけない最後の儀礼は1年忌です。7日忌、40日忌にくらべると1年忌は大規模で、ウマを屠って、コーランを朗誦して、馬肉料理を食べて、またコーランを朗誦して、休憩を入れて、今度はお茶を飲んでからコーランを朗誦するというかたちで死者のために祈ります。1年忌がすむと葬送儀礼は終わりです。

本康宏史●1年忌にも地域の人は参加しますか。

藤本●基本的には親戚などの招待客のみですね。隣人など近しい関係者は、親戚でなくとも招くことがあります。

カザフの死者との接し方——社会主義後の展開

藤本●イスラームの教義では「葬儀は簡素にすべき」とされていますが、カザフスタンの場合はイスラーム化以前から祖先に対する信仰があったようで、それがかたちを変えながら今日まで続いています。

基本的に1年忌で弔いは終わりですが、近年では、20世紀初頭までの祖先の墓地に墓碑をあらためて建てて儀礼をすることが盛んになっています。また、祖先の生誕100年を記念して儀礼をする人たちがいるなど、カザフでは死者のための儀礼はよく行われています。

イスラームの教義に厳格に従うなら、死者は最後の審判を待つ存在です。ですから、盛んに儀礼をする動きに対して、「儀礼をしたところで、すべてを決めるのはアッラーで、死者が生者を守れるわけでもない。儀礼を頻繁にすることには意味がない、よくない」と言う人もいます。一方、「コーランには書かれていないけれど、これはカザフの習慣だから、儀礼をすることには問題はない」という人もいます。

カザフスタンは旧ソ連に含まれていた国なので、そのイスラームの信仰の仕方には社会主義時代を一度経ているがゆえの特徴もあります。社会主義時代の1930年代には激しい反宗教政策が展開されて、それまでカザフスタンにあったモスクも閉鎖されました。その後1940年代になると、第二次世界大戦への協力を求めるために全ソ連で宗教政策が緩和されて、ごく限られた数のモスクが許可されるようになりました。かなり限定されていたので、私が調査した地域はモスクがまったくない状態でしたが、民間でイスラーム知識を継承している人がイスラーム式の葬送礼拝を執り行い、村人を葬ってきました。

社会主義時代には「イスラームの教義に厳格に従うべきだ」という運動が広く起こる余地はほぼなかったので、ムスリムではあってもカザフの習慣と混ざり合った独自の弔いの方法が保持されました。やがてソ連が解体してイスラーム復興の波が起こると、教義を学び直す動きが出てきます。このときカザフの死者に対する接し方とイスラームの教義とのあいだのずれも認識されて、現在も議論が続いている状態にあります。旧ソ連から独立したことでカザフ人が自らのルーツや祖先に対する関心を深めたので、一方では祖先に対する儀礼が盛んになり、他方では「それがイスラームとどんな関係にあるのか」があらためて問われているなかで、死者や祖先をめぐる儀礼が展開しています。

カザフの死者儀礼「アス」の再興

小西●ソ連解体後、カザフの葬儀が変わった部分はありますか。

藤本●葬儀の方法自体はソ連時代と変わりなく、明確に変わったのは祖先のための大規模な儀礼が盛んになったことですね。あとは、イスラーム祭日が、死者や祖先のためにコーランを朗誦する場にもなっています。イスラーム祭日を盛んに祝うようになったことで、死者のために朗誦する機会も増えたという印象です。

小西●大規模な死者儀礼で対象になる祖先というのは、個別の誰々という死者ではなくて、集合的な祖先ですか。

藤本●両方ですね。「自分の父親のために」と言ってする場合もありますし、「この地に葬られている○○、○○……」というように自分の父系クランに属する20人ほどの名前を挙げて儀礼をする場合もあります。

死者のためにコーランを朗誦するとき、具体的な人の名前を挙げ、さらに親族カテゴリーを挙げて集合的に祖先に言及したり、「名前を呼ばれなかった死者のためにも」と付け加えたりします。ですから、大規模な死者儀礼を行う契機となった特定の死者はもちろんいますが、集合的な祖先のためにも儀礼をしていると言えます。

本康●日本では、身近な親族でも、死んで何年か経つと祖先と集合していくという概念がありますが、カザフスタンも似た感じでしょうか。

藤本●カザフの場合は「何年経てば祖先になる」という観念はありません。儀礼の際に具体的な名前を挙げるかどうかについても、私の調査地では挙げますが、挙げないと書いている研究書もあって、カザフスタンでも地域で違いがあると思います。イスラームの教義に沿って考えると、祖先と子孫の結びつきはあまり重要ではないのです。

本康●生きている人たちにとって、亡くなったかつての家族は関係がなくなってしまうということですか。

藤本●完全になくなりはしませんが、日本のように「ご先祖様が守ってくださる」という考えはイスラームでは否定されているので、その意味では関係ありません。ただし、カザフスタンの19世紀の文献には死者の霊魂に助けを求める習慣があると書かれているので、そうした観念とイスラームの観念とが併存している状態だと思います。否定する人もいれば、イスラームの教義に反しないように語り直す人もいます。

山田●「死者の霊魂に助けを求める」というときの死者は、自分のクランに連なる死者でしょうか。

藤本●そうです。

山田●イスラームと混ざってカザフの古い信仰が残っていて、やはり父系クランとの結びつきは、生者にも関係するのだと思います。

藤本●そうですね。死者儀礼のときには、対象となる死者として、父系親族に加えて、母方の親族を挙げる場合もあります。

山田●母方の親族も挙げるとしたら、すごく数が増えませんか。

藤本●増えます。カザフスタンでは、父系親族、母の父系親族、妻の父系親族の三つが重要な親族カテゴリーです。そのなかでも自分の父系親族、つまり自分と同じ父系クランに属する人が親族としてもっとも大切だとされます。

小西●その大規模な死者儀礼に参加する人たちの範囲もそのカテゴリーに基づいて決まるのですか。

藤本●基本的には父系親族が参加しますが、その地域に住む人に対しても門戸を開くのが普通なので、親戚関係にない人も来ます。もともとは著名な人物の死後1年に大規模な死者儀礼「アス」をする習慣があったのですが、現在では変わってきています。「父親の生誕100年だから」と行う人もいますし、かつて祖先が暮らしていた地域の墓地が荒れていたので石碑を建ててきれいにして(写真6)、そのお披露目も兼ねて祖先のための儀礼を大規模に行うこともあります。その際、父系親族に限らず、「儀礼をするから来たい人はどうぞ来てください」という案内が回ります。実際には父系親族やその姻戚関係にある人などが多いとは思いますが、それ以外の人も参加します。

本康●何人ぐらいの人が集まるのですか。

藤本●100〜200人という規模ですね。アスには「食べ物」という意

◀写真6
父系親族が共同で建てた墓碑
20世紀初頭の墓地は石が点在するだけで墓碑は設けられていなかったため、父系親族が集まって祖先のために墓碑を建てた

◀写真7
アスでの共食
父系親族が共同で墓碑を建立したことを記念して、ウマを屠畜して共食し、コーランを朗唱した

味があるので、儀礼で食べ物を振る舞う(写真7)ことが重要です。それがイスラームの喜捨の観念とも融合して、喜捨をして死者の安寧を願うとともに、自分たちのネットワークづくりにもなっているという印象です。

ネットワークを育み豊かさを示す儀礼

小西●死者儀礼について考える際には、その根底にある死者観や他界観の比較も興味深いのですが、儀礼を営む現世の人たちにとってそれがどんな意義を持つのかも押さえる必要があると思います。

たとえば日本でも、葬儀は親族関係を確認する場となっていて、どこまでが葬儀に呼ばれ、どこまでが参列するかという範囲を知る機会としての意義もあると思います。それが実際に強固なネットワークを作るかどうかは別にしても、死者儀礼にはその地域ごとの人間関係のかたちが反映されて、それを明瞭にみることができると思いますね。

山田●とくに何年か経ってからの供養の場合は、その意味が強くなる気がします。悲しみが一定おさまったあとの回忌の供養では、もう一度集団の存在を確認しあうといった意味が出てくるように思いますね。

小西●たしかに、いつ行われる供養かによって意味合いや機能は変化しますね。やはり亡くなった直後の場合は、現代風に言えばグリーフケア[6)]、悲しみをどのように分かち合い乗り越えていくかが重要です。しかし、たとえば日本の三十三回忌などになると、もう悲しんでいるわけではないですが、みんなで集まって食事をしたりする。

山田●三十三回忌だと、お祭り騒ぎになることも多いですね。以前、鳩間島でみた三十三回忌のときには、たくさんの人が集まったのですが、お酒を飲んで食べて賑やかに……。（笑）

本康●集まること自体が楽しいという状況ですね。

山田●それが最後で、死者はもう仏様あるいは神様になるという考えがあるからでしょう。逆にお祝いの場になってしまうから、すごく盛大にしますね。

藤本●カザフのアスも、競馬や馬上競技もあって、お祭りみたいな感じです（写真8）。アスをすることには、大規模な儀礼ができるぐらい子孫が豊かだと示す意味もあります。また、たとえとても豊かな家族がいても一家族の資金だけでするのではなく、儀礼は一族として行うことが多いです。裕福な人も貧しい人も、お金に限らず労働力でもいいので、各々が出せるものを出す。みんなで準備して、みんなで楽しみます。

6）愛する者との死別による悲嘆（グリーフ）を受け止め、その後の人生を生きていくためのケアの方法。心理学的なアプローチにとどまらず、宗教やコミュニティ論、文学、芸能などを含んだ学際的な研究・実践分野として発展している。日本では東日本大震災をはじめとする大規模な災害に伴って注目されるようになった。

◀写真8
アスでの競馬
祖先を顕彰して競馬も行われ、地域の子どもや若者が参加した

一族以外の人にも馬上競技や競馬に参加してもらい、食事をしてもらうことで、人のつながりを築いている面もあります。さらにそれが喜捨の思想とも関連して、そうして喜んでもらうことが死者のためになり、だから死者も喜んで子孫を守ってくれるという観念があります。

山田●アスはその意味合いが強いかもしれませんね。

藤本●19世紀ごろの遊牧していた時代には、アスは夏に行われていました。みんな草原地帯で遊牧をしていますから、まずはアスを行う場所を決めて知らせを回します。知らせを受けた人びとは天幕ごと移動してくる。かなり多くの人が集まり、牧地争いなどの揉め事を解決する機会にもなっていたことが文献に書かれています。

本康●親族が夏に集まるというのは、日本のお盆みたいですね。

タイのムスリムの弔い方と死生観

小西●タイのムスリムは、死者と死後の世界をどのようにとらえていますか。

小河久志●タイのムスリムも中東などのムスリムと同様に、死者の霊魂は最後の審判の日が来るまで土葬された墓の中にいると考えます。少し違うのは、これは私が調査している地域固有の考えだと思いますが、生前に善行を多くした人の墓の中はすごしやすい環境である一方、生前に悪行を多くした人の墓の中は虫がたくさんいるような劣悪な状況で、最後の審判の日まで辛い思いをすると言われています。

そうした状態を改善するために生者の側は、断食明けの祭りと、犠牲祭[7]の年２回、お墓参りに行きます。お墓の掃除をして、コーランの一節を詠んで、共食する。これをした人は徳を積んだことになり、その徳は墓の中の死者にも送られると考えられています。ですから墓参りは死者への追善供養であり、生前あまり善行をしなかった死者の墓場環境がよくなります。また生者は、墓参りという善行が自身の来世[8]の天国行きにもつながると考えていて、みなさん一所懸命に墓参りをしています。

桑野萌●イスラームの最後の審判というのは、いつ訪れるのですか。

小河●それは「天使がラッパを吹いたとき[9]」といってアッラーが決めることなので、いつになるか私たちにはわかりません。

桑野●そこはキリスト教と似ていますね。墓の中の環境についてですが、悪い行いをした人の墓は狭いということではないですよね。

小河●大きさは変わりませんが、善行を多くした人はより過ごしやすい環境だと言われます。具体的に死者がいるのは墓にある棺桶の中です。霊魂はそこで暮らしていて、生前の行いによって過ごしやすさが変わります。

もう一つ、死者と生者の関係についての興味深い考え方として、毎週木曜日の夜[10]に死者の霊が家に帰ってくるため、それを迎える儀礼をしなければならないというものがあります。このため村人は、木曜日の日没後に亡くなった方が生前に好きだったお菓子や果物を供えて、コーランの一節などを詠みます。コーランの読誦は、死者のみならずそれをした本人にとってもよいことをしたことになるので、敬虔な人は毎週しています。

桑野●善行をした人も悪行をした人も、毎週墓から出られるのですか。

---

7) メッカ巡礼の最終日に行われる祭り。動物の供犠が行われることからこの名前で呼ばれる。

8) イスラームには輪廻の思想はなく、来世は天国と地獄からなり、その来世は永遠に続くものと考えられている。

9) 「アッラーは天使がラッパを吹き鳴らしたときに死者を蘇らせる」との記載がコーランのなかにあり、世界の終末を意味しているとされる。

10) 日没を１日のはじめとするイスラームの暦に従って「金曜日の夜」と呼ばれる。

小河●そのときだけ出られて、子孫の家に帰ってくることができます。あとは断食月と犠牲祭の日にも帰ってきます。日が沈むと子孫の家に来て、日の出とともに去る。その間は儀礼をしたほうがいいと考えられています。

山田●その死者には先祖も入りますか。どこまでを想定していますか。

小河●一般的には、いま生きている人が憶えている死者、「アルワ[11]」が対象です。

坂井紀公子●それはイスラーム一般に共通する考え方ですか。

小河●「アルワ」に対する供養はマレーシアやインドネシアなどでも行われています。アラビア語で霊魂のことを「アルワーフ」と呼ぶので死者霊の存在自体はイスラーム世界に共通だと思いますが、墓の中の環境や追善供養の方法は、この地域だけのローカルな考え方だと思います。

坂井●葬式の方法についてはどうですか。正式な方法から逸脱したり端折ったりすると死者が怒り出すといったことはありますか。

小河●ありますね。決められた方法に従わずに手抜きをすると、子どもが病気になるなど霊が悪さをすると考える人がいます。

坂井●葬式の仕方と供養の仕方、さらにはその後の付き合い方すべてにおいて理想型があって、外れると問題が起こるということですか。

小河●そうですね。ただし、イスラーム復興運動[12]が進むなかで、お墓に行ってコーランを詠むことは悪くないけれども、共食はしなくてもいいだろうというように、追善供養を簡略化する人たちが増えてきています。

奇蹟と癒やしの象徴としての聖者廟

小西●川本先生は都市史が専門ですが、イスラーム世界では、墓地や追悼施設は都市のなかでどのように配置されているのですか。

川本智史●都市のど真ん中にはお墓は造らないので、たいてい周縁に

---

11) 自身が何がしかの関係を持ったことのある物故親族のこと。座談会Ⅰの12ページ脚注4、カザフ語で霊魂の意味である「アルワク」と語源は同じである。

12) イスラームの教えに従った実践を社会的に組織する動きのこと。

形成されますね。イスラームの都市ですと、たいていは核となる聖者廟などがあって、それを取り囲むようにみんなが集住するわけです。

小西●イスラームにおける聖者というのは、生きているときから聖者で、亡くなってからも聖者ですか。

川本●たいていはそうですが、英雄などが死んで聖人化するケースもよくあります。ただし、本来イスラームではお墓を造ってはいけないので、初期イスラームなどでは、お墓のありかすらわからない。墓というのはあくまでも一時的なすみかで、審判の日が来たらお墓から出て、信徒であればみんな天国に行けるというイメージですから、あまり重要ではないと言えば重要ではないのです。

小西●聖者廟というのは、社会的にはどんな意味を持っていますか。

川本●イスラームの本来の教義からははずれるものですが、土着の聖人信仰のようなものがあって、個人的に誰か聖者を崇拝して、その人のお墓に詣でる行為が発生してきて聖者廟が造られます。それにあやかるように、周辺に普通の人たちの墓地も形成されていきます。

山田●「あやかりたい」と考えるイスラームの聖人は、どのようにして聖人として認められるのですか。たとえばキリスト教の聖人であれば、聖人として認定するための調査がありますね。

桑野●キリスト教では、生涯の記録・証言、聞き取りなど厳格な調査があって、そのうえで列福・列聖という段階を踏んで聖人になります。

山田●何か特別なことをしていますよね。イスラームの聖者廟に祀られる人たちは、何か特別なことをしたと伝えられているのですか。

川本●かなりのケースで奇蹟は起こしていますね。

桑野●病の癒やしの象徴であるという場合もありますね。自分の弱いところを治してもらいたい。だから「あやかりたい」と考える。

藤本●聖者には、アッラーに願いを伝えてくれる側面もありますよね。神への取りなしをするという。

桑野●それはキリスト教にもありますね。聖人には願いを聞き届けてくれる、取りなしてくれる役割があります。

小西●ということは、聖者のそばに葬られるということは、それだけ神に近いところにいると考えていいんでしょうか。

藤本●神に願いが届きやすいという……。

小西●そういう墓地への期待というのは、日本的というか仏教的にはないような気がしますね。

川本●日本だと、眺めのいいところに埋めてほしいとか……。

小西●そういう死者個人が気持ちよくなるようにという願いはあっても、神や仏との関係で、埋葬する場所や、どう追悼されたいかということはあまり考えないのかもしれませんね。

カトリックの弔いと死生観
――スペインと日本の事例から

神のみの世界をめざす――カトリックの修道院

山田●カトリックの学校に通っていたので、神父さんにはそのころ出会っていましたが、仏教のお坊さんのように身近に接することもないのでイメージしづらいのですが、カトリックの修道士というのは、どんな役割をしていますか。

桑野●もともとは隠修士と呼ばれて、神とだけ向き合って、他の一切の余分なものを捨てていく修行僧でした。やがてキリスト教が広まって信徒が拡大するにつれて、さまざまなかたちの修道会ができてきます。たとえば活動系の修道会というのは、現在で言う社会福祉法人のような感じです。貧しい人を助けたり、教育に従事したり、病院や学校を作ったりする。そうして修道会の性格は変わってきました。

現在では、修道会の霊性をどこに求めるのかということが話題になっています。特に活動系の修道会は、現代社会のなかでどのように自分たちの霊性を維持していくかを探っているようです。社会福祉法人のような活動が中心になると、なぜ共同体でいるのかという意味が、属している本人たちにもみえなくなっていく危険性があります。

かつて活動系の修道会が流行したのには理由があって、貧困や飢饉に対して奉仕する人たちが必要だったわけです。しかし、現在これだけ病院もあり、一般の人たちが活動する時代になって、キリスト教の修道会だけがする必要がない時代になっている。活動系修道会のミッションとは何かが問われています。

逆に、現在もっとも注目されているのは観想修道会[13]です。自給自足しながら神と向き合う人たちのことが見直されています。

山田●神と向き合ったとしても、その人は神にはなれないでしょう。向き合うことで何を求めるのですか。

桑野●アビラのテレジア[14]というスペインの聖人は、「最終的には自分が無になって、神のみでよい（Solo Dios basta）」ということを言っています。持っているものをすべて捨てて、丸裸になるような状態ですね。

山田●それはある意味でチベット仏教の解脱と似ていますね。

桑野●そうですね。共通点があると思います。

山田●本来の修道院は、そういうことを目標としていたわけですね。

桑野●そうですね。ただし神学的に表現する方法が難しくて、仏教と比較するときに「無になる」という言い方をすると誤解される場合がある。しかし、アビラのテレジアの著作などを読んでいると、過渡期のなかでは完全なトランス状態に陥ったり、悪魔の誘惑を受けたりするなど、すごく通じるところがあります。

山田●仏教の瞑想などと同じですね。

桑野●そうなんです。比較すると興味深いですね。

生き続けるその人の魂を想起する追悼ミサ

山田●キリスト教では、煉獄に行った人たちに対して、生きている人たちはどんな関わりを持つのですか。

桑野●キリスト教では、魂は生き続けると信じていて、仏教などのように故郷に「戻ってくる」という教えはありませんが、追悼ミサのかたちでその人のことを偲んだり、思い起こすことによってつながりを求めます。キリスト教の死者との関わりについては、ネガティブなも

---

13) ordo contemplativus、瞑想、黙想などの観想生活を中心に行う修道会。基本的に修道院の中だけで祈りと観想、労働を中心とした修道会。

14) Teresa Ávila（1552～1582年）。スペイン、アビラ生まれの女性神秘家、教会博士であり、キリスト教の主要な聖人の一人。大テレジアとも呼ばれる。

▲写真9
カトリックのミサ
カトリックでは結婚式も葬儀もミサとして行われ、本来は誰もが参加できる〈オーストリアの教会〉

のではなく、ポジティブなつながりが多いと思います。

山田●追悼ミサというのは、死者の命日にずっと行うものですか。

桑野●いろいろなかたちがありえます。その家族が司祭に「この日は特別な日なので思い起こしてほしい」というかたちで追悼ミサをお願いすることもできます。

小磯●お願いすると名前を読み上げたりしてくれるわけですね。

桑野●そうです。教会に関係のない人についての追悼でも、事前にお願いしておけばその名前も読んでくれて、とにかく一緒に祈りましょうというかたちです。スペインの南部などは家族の絆がすごく強いので、親戚の命日などの特別な日に合わせて追悼ミサをお願いして名前を読んでもらうということをします。

山田●そうすると、復活の日はまだまだ先のはずですから、追悼ミサはずっとし続けないとしないといけないことになりますね。

桑野●そうですね。その間に死者は増えていきますから、延々と読み上げる名前が続くことになって、やがて「すべての死者」みたいな呼び方が使われることもあります。

山田●復活の日というのは、いつ来ると考えられているのですか。

桑野●「終末について」や「永遠の命とは何か」ということについての教会の教えは、抽象的で完全に理解することが難しいものです。ですからそれぞれの民族や地域によっては、教会の教えとは別にさまざまな解釈が生まれていて、たとえば日本では先祖崇拝と混同している人びとがいます。

山田●そうなんですか。

桑野●一応は教会でしていますが、お葬式、お通夜のやり方も、どう考えても完全に日本式だと感じることもあります。もちろん追悼ミサなので、司祭が出てきてその人の思い出を語ったりとか、あるいはミサを行うという意味では共通していますが、日本のものとキリスト教的なものとを合わせた状態の場合もあります。

ミサは本来オープンなものです。カトリックでは結婚式もお葬式もミサとして行われるので、親族だけではなく誰が入ってきてもいい。追悼ミサも祈りたい人が好き勝手に入って一緒にミサをして、その死者を思い起こすという儀式です。ところが日本の場合はどうしても親族の意識が強くなるし、結婚式にしても葬儀にしても親族の儀式という思いがあるので、よく宣教師の方がたは、「本当の意味がわかっていない」と怒っておられます。でも、もとの習慣などがあるので、仕方がない面もあると思います。

つながりの確認としての「死者の日」

小西●カトリックでは、年忌法要的なことはあるのですか。

桑野●年忌法要ではありませんが、１年に１回、11月２日に、すべての亡くなった人たちを思い起こして祈念する「死者の日」があります。その他には、たとえば亡くなった方の命日に、司祭に「ミサのなかで祈念してください」と特別に依頼して、みんなで思い起こすことはありますが、基本的には親族単位ではなく教会単位です。

ですが、たとえば南スペインのアンダルシア地方などでは親族のつながりが強く、その地域内に親族が全員住んでいるケースがけっこうあるので、ミサはおのずと親族の集まりにもなるし、地域共同体の集まりにもなっていますね。カトリックが世界に広がった結果、それぞれの地域によってまったく違うかたちをとる場合があります。親族を大事にする地域もあれば、個人よりも教会全体として死者を思い起こすミサをしているところもあってさまざまです。

山田●死者の日には教会で一緒にミサをしますよね。そのときに司祭は「すべての死者のために」と言うわけですか。

桑野●教会によっては、あらかじめ「思い起こしたい人の名前を書いてください」という紙が回ってきて、そこに書くと読み上げてくれます。集まった数が多いとまとめられることもありますが、そうして死者のことを思い出し、一緒にミサを行う集団のつながりを確認する。

読み上げられる際には通常、まずは聖人たちの名前から始まって、教皇、司教、司祭、そのあとに死者たちの名前となります。たとえば私が所属していた京都の教会では、死者の日は基本的には亡くなったその教区の司祭たちを思い起こす日にもなっていて、その司祭の名前を先に読み上げていました。そのあと、教区で亡くなられた多くの方がまとめて読み上げられる。これは教義に基づくわけではなく、それぞれの教会によります。

藤本●カザフスタンでも、コーランを朗誦したあとに「このコーランは○○のために朗誦しました」と言うのですが、そのときやはり「預言者ムハンマドのために」とか「預言者の教友たちのために」と言ってから、自分の祖先の名前や親族カテゴリーの名称を挙げて、最後に「名前を挙げなかった親族のために」という順番になっています。キリスト教の順番と基本的には一緒ですね。

桑野●やはり共通点が多いと思います。親族だけではなく地域の人びとを巻き込む点も似ています。お話を聞いていると、カザフスタンの場合は、イスラーム教のなかでもカザフスタン独自の点があって、かならずしもイスラームの法に完全に従っているわけではないんですね。

藤本●イスラーム法とカザフの習慣とが、合わさっている感じです。

本康●ベースがあって、そこにイスラームが入ったということでしょうか。その場合のベースは、遊牧民族の土着信仰のようなものですか。

写真10►
メキシコの
骸骨人形

メキシコでは、骸骨をかたどった菓子や玩具、飾りなどが好まれ、とくに「死者の日」には街中に骸骨が溢れる。こうした習慣は、死は日常生活の一部であるという死生観にもとづくとされている

藤本●中央アジアのなかでも、遊牧民であったカザフはとくに死者のための儀礼を盛んにしますが、定住民のウズベクにも死者のための儀礼はあって、中央アジアにある程度は共通性があるみたいですね。定住民より遊牧民のほうが父系クランが重要で、それと死者のための儀礼が結びついて盛んに行われています。

死者を身近に感じる象徴としての骸骨

藤本●南米で骸骨のモチーフが出てくるお祭りは、カトリックのものではなかったですか。

小西●そうですね。あれが「死者の日」のお祭りです。ラテンアメリカ諸国で盛んに祝われるもので、とくにメキシコでは大規模に行われるようです。そこには骸骨がたくさん登場する（写真10）。

桑野●骸骨はキリスト教においてはシンボルとしてよく出てきて、宗教画にもたくさん描かれています。私は骸骨そのものが何を象徴するのか、どんな意味なのか詳しくは知りませんが、死者と生きている者とがまったく別の世界にいるのではなく、近くにいることを象徴しているのではないかと思います。そもそもカトリックでは生者と死者とは魂でつながっていると考えていて、死者をすごく大事にします。

小西●メキシコの骸骨の人形はどこかユーモラスな感じで、それも死が身近で親しみ深いものだという死生観を反映しているようです。

桑野●学生たちがメキシコの骸骨をみて、「死というのは怖いものだと思っていたけれど、なんだか楽しそうだから死生観について調べてみたい」と話していましたね。(笑)

本康●日本人だと骸骨なんてみたことがない子が多いでしょう。火葬してお骨を拾うときでも崩れてしまっているから、完全な骸骨をみる経験はそうそうないし、身近ではないですよね。

山田●死をどうとらえるか、遺体をどうとらえるかという各民族・宗教によって異なる死生観が、祭りや芸術などの文化をはじめ私たちの生き方にも大きく影響していることがわかりますね。

参考文献

Sieroszewski, V. L. (1896 [1997]) *The Yakut: An experiment in ethnographic research*(ヤクート：民族誌調査の実験), English translation in 1997 of lyakuty: opyt etnograficheskogo issledovaniia. eHRAF file, OWC: RVO2 (Yakut), QOO1

Toleubaev, A. T. (1991) *Relikty doislamskikh verovanii v semeinoi obryadnosti kazakhov (XIX – nachalo XX v.)*. Alma-Ata: Gylym.

キリスト教における
弔いと死者との交わり

桑野 萌

キリスト教では、その成立後間もないころから、死者と生者との交わりを大切にしてきた。例えば初期キリスト教におけるカタコンベ❶では、信徒たちは肉体の復活を願い、すべて土葬していたという［宮坂 2002: 210-221］。その行為に示されているのは、「肉体の死とは、完全な生の終わりではない」という考え方である。このような死者との交わりや死者にまつわる典礼の伝統は、とりわけカトリック教会において現代でも大切に守られている。11月1日、2日に祝われる「諸聖人の祭日」と「死者の日」は、この世を超えた世界にいる聖人や死者と、この世に生きるキリスト者（キリスト教信徒）たちとの連帯を記念する日である。

キリスト教徒たちのこのような死後の世界とのつながりを求める信仰（あるいは信心）は、どのように生じて、現代の世界にどのように継承され、発展したのだろうか。このことを明らかにするために本稿では、①キリスト教における死生観と死後の世界をめぐる神学思想史的背景と、②祈り、典礼などの儀礼の伝統文化、そして③習俗や諸宗教との交わりという主に3点から、以下のテーマについて深めたい。第一に、キリスト教の根幹である死生観と復活信仰についてみる。第二に、「煉獄」の概念をめぐる教会の教えについて、聖書、神学思想史などの視座から考察する。そして第三に、キリスト教の死後の世界観が、「諸聖人の祭日」や「死者の日」にどのようにつながってきたのかを明らかにし、これらの祝いとキリスト教の布教以前の習俗や他宗教との関係について探りたい。

1 「復活信仰」❷に基づくキリスト教の死生観

キリスト教の成立は、イエスの生き方と死に深く関係している。イエスが当時のローマ法において極刑とされていた十字架刑に処された際に、彼に従った者たちは、その理不尽な出来事を「復活信仰」によって乗り越えることができた

---

❶ 初期キリスト教の地下墓地。ラテン語で“*catacombae*”。ローマのアッピア街道の地名アド・カタクンバスに由来。

❷ キリスト教徒たちにとっての救い主（キリスト）が、十字架刑によって死んだ後に3日目に復活したという信仰。『新約聖書』ではキリストが全人類の初穂（先駆け）とよばれており（『新約聖書』「コリントの信徒への手紙Ｉ」15:20）、キリストの復活によってすべての眠りについたもの（死者）たちも復活するとされている。

▲写真1 イタリアに残るカタコンベ
ローマ市内にあるサン・パンクラツィオのカタコンベ。壁を穿って作った穴に遺体を安置したとされる

［大貫 2002: 456］。キリスト教信仰の根幹にあるのは、コリントの書簡❸でパウロ❹が述べているように、「キリストが、聖書に書いてあるとおりわたしたちの罪のために死んだこと、葬られたこと、また、聖書に書いてあるとおり三日目に復活したこと、ケファに現れ、その後十二人に現れたこと」［『新約聖書』「コリントの信徒への手紙1」15章3～5節］である。すなわちキリスト教は、「イエスは人間のために死に、死の支配に打ち勝ち、復活した」という信徒たちの「復活信仰」によって成立したのである。

この「復活信仰」から、「人間は死後、父である神のもとに帰天し、罪から解放され、『永遠のいのち』にあずかることができる」という考え方がキリスト者の間に根付き、受け継がれていくこととなる❺。この死に対しての考え方は、カトリック教会の葬送の儀式にも垣間見ることができる。通夜における祈りは、死は人間にとって終わりではなく、むしろ父なる神へと向けられた新たないのちの始まりであることを表している。

---

❸『新約聖書』に収められている書簡のひとつ。パウロが、コリント（ギリシア、ペロポネソス半島内の街）の信徒に宛てて書いたとされている手紙。

❹もともとヘブライ人ユダヤ教徒で、キリスト教に改宗した。パウロはサウロのギリシャ名。『新約聖書』の著者のひとりとされている。

❺「永遠のいのち」についてカトリック教会のカテキズム（教理の解説もしくは要約）では、次のように表明している。「自分の死をイエスの死に結びつけるキリスト者は、死をキリストのもとへ行き、永遠のいのちに入ることとみなします」［日本カトリック司教協議会 教理委員会［監・訳］2002: 1020項］。

「キリストは『わたしは復活であり、いのちである。わたしを信じる者はたとえ死んでも生きる』と教えられました。別離の悲しみのうちにもわたしたちは、このキリストのことばに慰めと希望を見いだします」(『ヨハネ福音書』11章25節)
[日本カトリック典礼委員会[編] 2004]

こうした教えに基づいて、死者の霊魂が罪から解放され、浄化され、父なる神のもとで永遠の安息を得るように信徒たちが祈りを捧げるという習慣が教会生活で大切にされてきた。つまり祈りとは、生きている者同士だけではなく、生者と死者とをつなぐ大切な架け橋として捉えられ、死者を祈りによって支えること、そして死者に天との取り次ぎを願うことは、生きている者の重要な使命と考えられてきた。

「キリスト者たちは、祈りによって死者の魂を助けるだけでなく、死者に取り次ぎを願うことによって死者の側からも支えられている」と教会は教えている。この考え方が「天上の教会と地上の教会との交わり」であり、死者と生者との交わりである。このことから教会は「キリスト教の初期の時代から、死者の記念を熱心な信心をもって執り行い、〈その思いはまことに宗教的、かつ敬虔なものであり、そういうわけで、死者が罪から解かれるよう〉……中略……死者のための執り成しの祈りをささげてきた」[第2バチカン公会議文書公式訳改訂特別委員会[監訳] 2014:「教会憲章」50(以下は「教会憲章」と表記)]のである[6]。

2「煉獄(*purgatorium*)」をめぐる神学思想史

人間の死後、救済された人々が行くとされている天国と、悪行を働いた人々が行くとされている地獄の存在は、様々な宗教において語られている。これに対して、カトリック教会をはじめとするキリスト教のある宗派では、天国と地獄との間に、「煉獄」とよばれる人間の清めの場を信仰している。カトリック教会のカテキズムは、「煉獄」の存在について次のように述べている。

「煉獄とは、神との親しさの中に死ぬ一方で、永遠の救いは確実であるものの、

[6]〈 〉内は『旧約聖書続編』「マカバイ書 二」12章46節からの引用。

天の至福に入るために、まだ清めを必要とする人々の状態」[日本カトリック司教協議会 常任司教委員会 2010:210項]。

現代のカトリック教会の教えによると煉獄とは、「現生において神を信仰し、神と親しい関係を築きながらも、罪の清めの状態が不完全なために、死後苦しんでいる霊魂を清め、天国に入るために必要な聖性を受ける場」であるという。また、この煉獄の考え方には、前述したように、現世に生きているキリスト者たちが、ミサ❼、死者のための祈り、施し、免償❽等の善行を通して、死者のこの清めのプロセスを助けるという信仰も含まれている。

煉獄をめぐるキリスト教神学思想は、主にユダヤ・ギリシア思想を軸として、様々な伝統思想との交わりの中で形作られていったとされる。フランスの歴史学者ジャック・ル・ゴッフ(1924年－2014年)によると、現世に生きる人々と死者や聖者との交わりや死者への祈りの伝統はキリスト教初期からのものであるが、場所のイメージを伴う煉獄観がカトリック教会において現れたのは、12世紀以降のことであるという[ル・ゴッフ 1988]。その背景には、アウグスティヌス❾などの教父❿の影響や、中世のクリュニー⓫に代表される修道院の役割などが挙げら

❼ ギリシア語で“eucharistia(感謝の祭儀)”。イエス・キリストが十字架刑に処される前夜、直弟子たちと共にした最後の晩餐を記念した祭儀。その際イエスがパンと葡萄酒をとっておこなった一連の動作や言葉を起源とする。カトリック教会では、ミサおよび「感謝の祭儀」、正教会では「聖体礼儀」、聖公会、プロテスタント諸教会では「聖餐式」ともよばれる。

❽ ラテン語で“*indulgentia*”。すでに赦された罪への償いの免除を指す。罪を告白した信者に課せられた償いが教会権威によって軽減免除されたのがそのはじまりとされている。中世以降、祈りなどの信心業によって、とりわけ煉獄で罪の清めを受けている死者の罰を軽減することと理解されるようになる。

❾ Aurelius Augustinus(354年－430年)。ラテン教父を代表する神学者であり、哲学者。ローマ・カトリック教会の教えの礎を築いた人物であり、中世以降のヨーロッパの精神史に大きな影響を与えたことから「西欧の父」とよばれる。

❿ 1世紀末から8世紀ごろまでの教会で、正統信仰について著し、自らも聖なる生活を生きたと教会に認められた人々。教会史において、教義の基盤を築いた。後にカトリック教会では、①時代的古代性、②教義上、正統な教えの保持、③聖なる生涯、④教会の公認という4条件を教父の資格として挙げている。

⓫ クリュニー会はフランス、ブルゴーニュ地方のクリュニー修道院を中心とした修道院群。910年にアキテーヌ公ギョームの寄進により創立。司教の権力に属さず、修道士によって修道院長を選出するなど修道院の自治、教皇への直属を確保した。修道士はベネディクトゥスの戒律に従って生活しながら外部の人々のために祈り、典礼組織として発展した[杉崎 2002a]。

れる。アウグスティヌスは最初に「煉獄」の存在を示唆した人物である。また、中世の修道院は、逸話や幻視物語を通して場所としての煉獄観の形成に大きな影響を与えた。そこから死後の世界を天国、地獄、煉獄の三世界に分ける習慣が生まれ、それに対応するかたちで死後にその三世界に行く①「完全に善良な人」、②「中間の人」、③「完全なる罪びと」という区別が定着し、罪の種類（大罪・小罪）を区別する根拠となった。こうした煉獄についての考え方が教義として成立したのは、16世紀のトリエント公会議⑫においてであった。

聖書における煉獄観——渇きと火、救いへと向かう場

ル・ゴッフによると、煉獄観念の源流は『旧約聖書』の陰府⑬の世界と黙示文学にも見出されるという。ヘブライ人の「陰府」は死後の闇の世界を示しており、『旧約聖書』にも頻繁に登場するが、どちらかというと地獄に類似したイメージで描かれており、現代カトリック教会が主張する煉獄とは多少異なるようである。しかし、そこに描かれる「渇き」や「火」のイメージなど、ヘブライ人がつくりあげたユダヤ教の死後の世界観は、キリスト教の煉獄観にも継承されたと考えられる⑭。

聖書に煉獄の概念を示す明確な記述を見出すのは難しいが、教会はその論拠を聖書のいくつかの箇所に求めている。煉獄観の実際的論拠として取り上げられる聖書の箇所は、先に引用した『旧約聖書続編』「マカバイ書 二」12章41節〜46節である。そこでは、マカバイのユダが、戦死した兵士たちが「罪から解かれ

---

⑫ トリエント公会議（1545〜1563年）は、教皇パウルス３世によって召集され、ピウス４世のもとで閉幕した第19回公会議。トリエント公会議の主な意義は、①「カトリック改革の核心は『霊魂の救いが最高の掟』にあり、教会の責務がとりわけ信徒への奉仕であることを確認したこと」、②「プロテスタントによる改革に対してカトリック側からの回答が試みられたこと」にあるとされる［川村 2002a］。

⑬ ヘブライ語で“Sheol（シェオール）”。「冥府」とも書く。

⑭「渇き」については、例えば『旧約聖書』「エレミヤ書」17章13節「あなたを離れる者は土に名をしるされます。それは生ける水の源である主を捨てたからです」にみられ、煉獄の根拠の一つとなっている『ルカ福音書』「金持ちとラザロのたとえ話」16章24節にも見出される。贅沢三昧に暮らしていた金持ちと貧しいラザロが死後に陰府の世界に下り、アブラハムのすぐそばにいるラザロに金持ちは苦しみながら「父アブラハムよ、私を憐れんでください。ラザロをよこして指先を水に浸し、私の舌を冷やさせてください。わたしはこの炎の中でもだえ苦しんでいます」と叫ぶ。

るよう彼らのために贖いの生け贄を献げた」とある。ル・ゴッフによると、初期の教会教父や中世のキリスト教徒たちは、この箇所に煉獄の根拠を見出していたという［ル・ゴッフ 1988: 38-66］。

また、『新約聖書』に関しては明確な煉獄観を見出すのは難しいが、教会はいくつかの箇所に煉獄の論拠を求めている。例えば以下の箇所である。

「人が犯す罪や冒涜は、どんなものでも赦されるが、“霊”に対する冒涜は赦されない。人の子に言い逆らう者は赦される。しかし、聖霊に言い逆らう者は、この世でも後の世でも赦されることがない」（『マタイ福音書』12章31節～32節）。

ル・ゴッフによるとこの箇所は、来世での罪の償いの可能性を示唆しているという。このテクストは、死後に浄化可能な「小罪」と魂の死に値する「大罪」という罪の区別の論拠にもなっている。

前述した「金持ちとラザロのたとえ話」では、死後の陰府の世界、地獄と煉獄が描かれている。死後、金持ちの送られた地獄（ハデス）とラザロが送られた「アブラハムのふところ」とは互いに見える距離にあるが、越えることのできない淵によって隔てられている。このラザロの送られた「アブラハムのふところ」と表現された場こそが、キリスト教の示している煉獄観である［ル・ゴッフ 1988: 65-66］。

カトリック教会の使徒信条とよばれる信仰宣言には、「主は聖霊によってやどり、おとめマリアから生まれ、ポンティオ・ピラトのもとで苦しみを受け、十字架につけられて死に、葬られ、陰府（よみ）に下り、三日目に死者のうちから復活し……」という文言があるが、カトリック教会のカテキズムによると、救い主としてイエス・キリストが陰府の世界に下ったのは、このラザロのような「アブラハムのふところ」と表現された場にいる人々を解放するためであったと説明している。

さらに、『コリントの手紙Ｉ』３章12節～15節には、「この土台の上に、だれかが金、銀、宝石、木、草、またはわらで家を建てる場合、おのおのの仕事は明るみに出されます。かの日にそれは明らかにされるのです。なぜなら、かの日が火と共に現れ、その火はおのおのの仕事がどんなものであるかを吟味するからです。だれかがその土台の上に建てた仕事が残れば、その人は報いを受けますが、燃え尽きてしまえば、損害を受けます。ただしその人は、火の中をくぐり抜けて来た者のように、救われます」と書かれているが、これは煉獄が、死後残ってしまった罪を清め救いへと向かわせる場であることを示しているとし、煉獄への信仰の論拠のひとつとしている。

教会における煉獄観——ミサを通した死者との交わりと浄化

死者のための祈りは、2世紀ごろから行われていた。3世紀には、ミサの中で他界した者へ祈りを捧げることが習慣化し、死者のために追悼のミサが行われるようになった。神学者ヨゼフ・フィンケンザール（1921年－2018年）によると、「煉獄」という固有の教義が「救いの完成」という聖書学的な根拠に基づいてはじめて展開したのは、アウグスティヌスに代表される教父の時代であるという［Finkenzeller 1995: 561-563］。西方では特にこのアウグスティヌスによって、「浄罪の罰」、「浄罪の苦しみ」、「一時的な罰」などの償うことによって浄められる煉獄の観念が展開した。アウグスティヌスは、日常の些細なことで犯した罪については、現世において回心し、自らの行いを改めること、また死者の霊魂に対する祈りや寄進によって来世で救われると述べ、煉獄の存在を示唆し、後の煉獄理解に大きな影響を与えた。このような経緯から、ミサとゆるしの秘跡[15]が重要な役割を果たすようになった。やがて、「神は人間の魂を意図的な罪からも無意識の罪からも解放してくれる存在である」と位置付けられて、その救いを完成させる場としての煉獄の考え方が展開していった。こうした流れの中で、悔い改めのプロセスが煉獄の教えにおいて重要な位置を占めるようになり、とりわけ西方教会においては、悔い改めと罪からの解放が強調された[16]。

中世の修道院では、煉獄の場所的イメージを示した幻視物語や逸話を通して、

---

[15] 秘跡はラテン語で“*sacramentum mysterium*（神の神秘の目に見えるしるし）”であり、「サクラメント」のカトリックによる訳語。狭義においては、典礼・祭儀的しるし。カトリックでは、①洗礼、②堅信、③ゆるし、④聖餐、⑤叙階、⑥婚姻、⑦癒しの７秘跡の執行が認められている（1274年、第二リヨン公会議の信仰宣言において確立）。

[16] 一方で東方教会においては、「悔い改めのプロセス」を霊的な養成あるいは霊的な薬・セラピーとして捉え、人間の犯した罪は魂の医師である司祭の助けによって克服されるものとしていた。その悔い改めのプロセスは魂の病を癒すことと関連付けられ、死後においても継続可能とされて↗

来世の浄罪について記されるようになった。とりわけクリュニーは、寄進と引き換えに死者のための祈りの典礼を行い、莫大な富を築くと同時に煉獄を社会に認めさせていった［杉崎 2002b: 1226］。修道士ヨツアルドゥスによって書かれた、クリュニー修道院長だったオディロ[17]の生涯についての逸話はその典型的な例である。この逸話では、現世からほど遠くないところにあって、神の意志によって罪びとの魂が一定の期間そこで様々な罰を受け、浄められる「火を吹き出している場所」について述べている。さらにこの罪びとの苦しみは、聖なる場所で修道士に祈祷してもらい、貧者に施しをすれば、神の慈悲により解放される、と語っている。ル・ゴッフによるとクリュニーは、「火を吐くやま」という場所を示すことによって煉獄観を明確にしたこと、そして典礼の基本的な慣行を築いたということにおいて、煉獄誕生の土壌を築いたとされる［ル・ゴッフ 1988: 186-188］。

先述したように、12世紀以降には、ラテン・キリスト教世界の飛躍的な発展と共に煉獄観もより具体的に形作られていく。この時代、聖職者の優越性が強調され、社会的側面では、祈る人、戦う人、労働者という階級が定着し、天国と地獄とは別の第3の場所、煉獄が想定されるようになった。また、死から最後の審判[18]までのプロセスがより明確に描かれるようになり、煉獄観が確立していった。

「煉獄」ということばがはじめて公式の場で使われたのは、13世紀のイノケンティウスの書簡と第二リヨン公会議憲章である。これに伴って次第に美術のモチーフなどとして取り上げられるようになったが、それは地獄を連想させるものが多かった。このため、煉獄とは現世で犯した罪の罰を受け、苦しみを受ける場というイメージが人々の間に定着した。このことが、プロテスタントやイギリス国教会などの宗教改革者たちが、煉獄に関する教会の教えに反対を示し

いた。この「悔い改め」についての見解の違いが「煉獄」に対しての捉え方の違いを生み出した。すなわち、ラテン教父の思想を中心に発展した西方教会においては死と復活との間の浄化は本性的な罪の償いであり、ギリシア教父を中心とした東方教会においては霊的成長のプロセスと捉えられていた［Finkenzeller 1995: 562］。

[17] オディロ（962年頃－1048年）は第5代クリュニー修道院長。994年に修道院長に就任。修道院改革を遂行し、傘下の修道院に対する指導を強め、修道院の数を増やすことに貢献した［杉崎 2002c］。

[18] 人間の歴史の終末に、キリストが再来し、全人類に対して神による審判が行われるという信仰。

▲写真2 イタリアの教会の絵画に描かれた煉獄

ステファノ・マリア・レニャーニ（Stefano Maria Legnani）によって18世紀に描かれたとされる大天使ミカエルと煉獄の魂の絵画。下部の煉獄の部分には炎も描かれて魂が苦しむ様子が表現され、地獄を連想させるものとなっている〈トリノのサン・フランチェスコ・ダ・パオラ教会〉

た大きな理由のひとつと考えられる[19]。1563年に開催されたトリエント公会議では、宗教改革者たちの反論を受けて「煉獄についての教令」を発布した。この教令では、死のための免償という考え方は取り除かれ、それまでの教会による死後における浄化の教えを踏まえて、死者と生者との祈りを通した交わり、とりわけミサを通した交わりが魂の浄化を助けることを強調した[20]。

現代のカトリック教会においては、犯した罪を罰する場としての煉獄は、教会が主張する煉獄観とは全く異なると主張している。カテキズムの1031項では、教会は最終的な浄化の場を煉獄とよぶのであって、罪を犯したものに罰を与える場とは完全に区別されると述べている［日本カトリック司教協議会 教理委員会［訳・監］2002］。

これには、カトリック教会のアジョルナメント（イタリア語で現代化）[21]を軸として開催された第二バチカン公会議（1962年-1965年）[22]によって問い直された教会の精神が大きく影響していると考えられる。第二バチカン公会議では、カトリック信者のみならず世界（他宗教・他宗派も含む）に開かれている教会へと回心していくことが確認され、その流れの中で、諸宗教との対話や、これまで教義上の違いや思想史的背景の隔たりから分裂してきたキリスト教の異なる宗派との対話

---

[19] ルターやカルヴァンをはじめとするプロテスタント側が煉獄を否定したのは、①聖書にその記述が全くないことと、また②煉獄の考え方では人間の自らの業によって善悪が判断され、例えば死者のためのミサは人間の奉献行為に過ぎず、これは神の恩恵と信仰のみによって救われるという考え方と相容れないという理由からであった［石井 2009］。また、イギリス国教会においては、1563年に制定された英国聖公会39か条（聖公会大綱）22条で、煉獄について次のように述べている。「煉獄、免罪（贖宥）、聖像および遺物の礼拝と崇敬、また諸聖人の執り成しに関するローマ教会の教理は、虚しく作られた勝手な盲信であって、聖書に根拠をもたないばかりか、むしろ神の御言に反するものである」［キリスト教信条集『聖公会大綱』〈https://profession-of-faith-jp.github.io/site/articles/anglican-1.html〉］。

[20] 「煉獄についての教令」の詳細は、H.デンツィンガー［編］［1974（1854）1820項］を参照。

[21] 前教皇ヨハネス23世が第二バチカン公会議（脚注22）開催にあたり用いた言葉。教会二千年の歴史の中で、この会議以前に開催された20回の公会議においては、教会の脅威となりうる状況に対応して、教義・典礼・教会法によって審議決定が行われてきた。これに対して、この会議では教会が世界に信仰を示すにあたり、教会自身が現代に適応できるよう刷新されなければならない、という意向において行われた。

[22] 教皇（ペトロの後継者）と世界の司教団（各地域の代表者）が、教会をめぐる様々な問題を議論し、決議投票する会議。教皇による承認、認証後、教皇の命によって文書として公布されることになっている［日本カトリック司教協議会 教会行政法制委員会［訳］1992：336-341］。

(エキュメニズム)が積極的に行われた。そしてトリエント公会議で宣言された煉獄についての考え方を踏まえながら、初代教会からの伝統であった、死者および聖人と生者との祈りやミサを通した交わりの重要性を改めて強調した[23]。

ここで興味深いのは、煉獄に関する神学思想史上の考え方と民間の信心との差異である。神学史上ではトリエント公会議以降、罪への罰としての苦しみを受ける場としての煉獄ではなく、死者の魂の浄化のためにミサを捧げ祈ることが強調されてきた。11月1日の「諸聖人の祭日」や2日の「死者の日」の典礼は、このような神学的背景と共に発展してきた。その一方で民間では、現世で犯した罪を拭い去ることができずに死を迎えると煉獄で苦しむといった信心がカトリックを信仰する一部の地域でつい最近まで残されていた。スペインにおけるAnimas Benditas(煉獄に取り残された魂)への信心はその代表的な例のひとつということができる[24]。次節では、「諸聖人の祭日」と「死者の日」の成立と今日の展開の諸相から、キリスト教の死生観についてみる。

3「諸聖人の祭日」、「死者の日」の伝統と現代における多様性

「諸聖人の祭日」(万聖節、諸聖徒の日)とは、キリスト教のすべての聖人と殉教者[25]を記念し、祝う日である。「聖人」とは、殉教もしくは敬虔な信仰生活を送ってきたことで、カトリック教会の信仰の模範として教会によって公式に列聖された人物を指す。カトリック教会の伝統において「聖人」は、信仰の模範であるとともに神と人間との仲介者として、崇拝や巡礼の対象として大切にされてきた。

---

[23] 第二バチカン公会議文書「教会憲章」51項では次のように宣言している。「天上の栄光のうちにある兄弟たち、あるいは死後まだ清めを受けている兄弟たちとの生きた交わりに対するわれわれの先祖の信仰は、なんと称賛すべきものであろうか。この聖なる教会会議は、深い信仰心をもって第二ニカイア、フィレンツェ、トリエントの聖なる公会議の教令を受け入れ、再び提示する。同時に本教会会議は、その司牧上の配慮から、すべての関係者各位に対し、何らかの濫用、行き過ぎまたは欠陥がどこかに生じた場合、それらを取り除き、あるいは改善するように努力し、万事をキリストと神のより大いなる賛美のために刷新するように勧告する」[「教会憲章」51]。

[24] Animas Benditasの詳細については次節で詳述する。

[25] 殉教(martyria)は、自らの命を犠牲にして信仰を証する行為のこと。キリスト教における殉教者とは、命をとして信仰を貫いた人々のことである。

殉教者と聖人を敬い、ひとつになる――「諸聖人の祭日（All Saints' Day）」

「諸聖人の祭日」の起源について確かなことはまだあまり分かっていないが、初代教会において殉教者に対して崇敬を捧げるようになったことが聖人の認定の始まりとされている。313年には様々な場所で、殉教者を中心としたすべての聖人を記念する祝いが行われていたことが記録されている。西洋においてはペンテコステ（聖霊降臨祭）[26]の後の第一日曜日に祝われていた。

それは、とりわけ３世紀から４世紀の間、ローマの皇帝ディオクレティアヌス[27]によるキリスト教迫害により、数多くのキリスト教殉教者がでたことによるとされている。当時は殉教した者はすべて「聖人」とされ、天国に住むものと考えられていた。しかし４世紀になってローマ帝国によりキリスト教が公認されると、敬虔な信仰生活を営むことによってキリストと結ばれた者、キリストの証となった者のみが聖人として認められるようになった。

11月１日が教会において「諸聖人の祭日」として定着したのは、教皇グレゴリウス３世（在位731年-741年）が、その日にサンピエトロ大聖堂内につくった礼拝堂を諸聖人とすべての殉教者に捧げたことに始まり、教皇グレゴリウス４世（在位827年-844年）が11月１日を公に諸聖人の祭日としたことに由来するとされる[28]。

第二バチカン公会議公文書の「教会憲章」第７章では、聖人の崇敬について次のように確認している。第一にカトリック教会では、前述したように、死者を思い起こし、祈りを捧げることを常に大切にしてきた。それは死者の罪からの解放を祈るものである。第二に教会は「自分の血を流して信仰と愛の最高のあかしを立てた使徒とキリストの殉教者たち」や「キリストの貞潔と清貧をよ

---

[26] ペンテコステ（ギリシア語で“pentēkostē”、聖霊降臨）とは、『新約聖書』に書かれている、イエスが弟子たちに約束した聖霊の派遣のこと。通常は「使徒言行録」２章１節～42節に書かれた出来事を指す。聖霊降臨祭は、復活祭から50日目の日曜日に祝われる（ユダヤ教の五旬祭にあたる）。聖霊が使徒たちに下ったことと教会の宣教活動の始まりを記念する祭りである［宮越 2002］。

[27] Gaius Aurelius Valerius Diocletianus（245年頃-313年頃）は、284年から305年までローマを統治した皇帝。303年に最後のキリスト教大迫害を開始したとされている［豊田 2002: 760］。

[28] 初代教会史を研究した歴史家ジャン・ベレス（Jean Beleth: 1135-1182）によると、グレゴリウス４世は、609年に教皇ボニファシウス４世がローマのパンテオンをキリスト教の教会堂とした５月13日（殉教者たちの聖マリアの日〈St. Maria ad Martyres〉）に定めた諸聖人の祭日を11月１日に移し、公式な典礼歴による諸聖人の祝祭日とした。

り正確に模倣した人々」、また「キリスト的徳を立派に実践し、神からの霊のたまものを受けた」人々と現代に生きるわたしたちとがキリストを通して一致していることを宣言している［「教会憲章」49、50］。例えば日本において2016年２月に列福された高山右近㉙は、この「キリスト的徳を立派に実践し、神からの霊のたまものを受けた」者にあたる。

そして教会が聖人を尊重する理由として「教会憲章」は、神は聖人の生涯を通して自らの現存と姿を私たちに示しており、私たちはその生涯に注目し、一致していくことで福音を生き、キリストに一致していくことができると述べている。つまり聖人たちを敬い、思い起こし、祈りを捧げるのは「全教会の一致が、兄弟愛の実践を通して、霊において強められるためである」としている［「教会憲章」50］。

カトリック教会においては、現在生きている者も信仰を全うした死者も、すべてが洗礼の秘跡を通してひとつの共同体として交わり続けている㉚ことを説いている。その「全キリスト者の一致」は特に「聖なる典礼」において実現されるという。典礼においては、「聖霊の力が秘跡のしるしを通してわれわれの上に働き、われわれは共通の喜びのうちに神の威光をともにたたえ祝う」のであり、その祝いを通して様々な種族、言語、民族、国の人々がそれらの枠を超えて神、キリスト、聖霊という三位一体のもとにひとつになる。とりわけ、「聖体の生け贄」㉛はこの一致をもっとも強くするための大切な儀式であるとしている［「教会憲章」50］。

㉙ 戦国時代から江戸時代初期にかけての代表的なキリシタン大名。1552年頃の生まれで、一生を通して敬虔な信仰生活を貫いた。江戸幕府の禁教令発布によって1614年に一族と共にマニラに追放され、同地で病死したとされる［高瀬 2002］。

㉚ これを「聖徒の交わり（*communio sanctorum*）」といい、キリストとキリスト信徒、さらにはキリスト信徒相互の間に存在する霊的な絆と交流を指す。この交わりによって霊的な利益を受けるのは、地上の信徒と信徒の祈りによって清めの促進を受ける煉獄の霊魂を含む「全キリスト者」であり、それがひとつの共同体として交わり続けていることを意味する。

㉛ 聖体（*sanctissimum sacramentum, corpus Christi eucharisticum*）は、カトリック教会の用語。ミサで神に献げられたパン（ホスチア）を指す。その形態の中にキリストが現存すると信じられ、祈りと礼拝の対象とされている［百瀬 2002］。またパンとは、神のことば（ヨハネ６章51節「わたしは、天から降ってきた生きたパンである。このパンを食べるならその人は永遠に生きる」）であり、キリストの体（マルコ14章22節「イエスはパンを取り、賛美の祈りを唱えてそれを裂き、弟子たちに与えて言われた。『取りなさい、これは私の体である』」）を指す。イエスは最後の晩餐において、パンを裂くことを通して自らの死の記念を行うよう弟子たちに託した。従って、ここで生け贄とは、磔刑に処せられたイエス・キリスト自身のことを指す。

「死者の日(All Soul's Day)」の発展と各地域での適応

すでに述べたように、ミサや祈り、慈善活動を通して、煉獄にいる魂の罪からの解放、神の下での永遠の幸福を願うことは、地上に生きるキリスト者たちの大切な使命のひとつと考えられている。このような死者を記念する習慣も、「諸聖人の祭日」と共に発展していった。現在の教会の暦[32]は、毎年11月2日を「死者の日」と定めている。その日カトリック教徒はその年に亡くなったすべての死者を思い起こして祈り、とくに「煉獄」に留まり、清めが必要な魂にミサを捧げる。

教会において「死者の日」が死者を記念する特別な日となったのは、998年にクリュニー修道院の院長であった聖オディロが、クリュニー会全体に対して、諸聖人の祭日の翌日、11月2日を煉獄の魂のために特別な祈りと死者への聖務日課（定時に行われる祈祷・礼拝等の公の行為）を行うと定めたことに始まるといわれている。この時から毎11月2日に死者の記念を行う習慣が広まっていった。

死者のための記念日やミサの祝い方は、時代や地域によって様々な異なる形態をとって広がっていった。例えば15世紀にはスペインのドミニコ修道会[33]によって、司祭は死者の日に3回のミサを執り行うという習慣が生まれ、広がった。1748年にベネディクト14世は、この実践を当時のスペイン王、フェルナンド6世、及びポルトガル王ヨハネ5世の要請により、スペイン、ポルトガル、ラテンアメリカで認めた［Sanders 2003］。

のちにこの習慣は教皇ベネディクト15世に引き継がれ、第一次世界大戦中の1915年には、すべての司祭にこの特権を許可した[34]。ウィリアム・サンダーズによるとそれは、大戦によって数多くの死者・犠牲者が出て多くのミサをする必要があるにもかかわらず、戦火により教会が破壊されてしまってそれがかなわなかったためといわれている。この1日に3回ミサを司式するという規定は

---

[32] キリストの生涯での主要な出来事（キリストの誕生、十字架の道行き、死と復活など）を1年を通して記念していく教会の暦のこと。

[33] 正式には「説教者兄弟会」。13世紀に成立した中世の修道会のひとつ。『アウグスティヌスの規則』のもとに、スペインの修道士ドミニクスによって創立された。パリ大学神学部を中心に神学研究の主流を形成したことで知られる。

[34] 3回のミサは次の三つの意向で捧げられた。それは①特別な意向、②すべてのキリスト教徒の死者のため、③教皇のためである。

▲写真３ メキシコの死者の日
墓の周囲を鮮やかな花や紙などで飾り、ロウソクによるライトアップも行われる

現代においてはない。

また死者の日は、世界各地でその地の習俗や宗教文化などを取り入れながら独自の発展を遂げた。例えばメキシコでは、死者の親族が鮮やかな色の花や色紙などで花輪や飾りを作り、死者の日の朝に墓に飾る。そして、親族は一日中、その墓の前で過ごす。司祭はその墓を訪れて、説教をし、死者に祈りを捧げ、その後ひとつひとつの墓を祝福してまわる。子どもたちには、骸骨のかたちをしたお菓子が振る舞われる［Sanders 2003］。またスペインでは、諸聖人の祭日の日に各地の教会で死者のためにミサを捧げるほか、親族の墓に献花するという日本の墓参りと同じような習慣がある。地域ごとに様々なユニークな死者の日の祝い方がみられる。

キリスト教における異なる宗教や文化、慣習の受容

キリスト教の祭日は多くの場合、季節の祭りや他宗教の祭りと密接に関係している。その関わりからは、長い歴史の中で教会が、未だキリスト教化されていない未開の地に布教する際に、その土地にもともと存在していた習俗や宗教文化を巧妙に取り入れ、キリスト教化していったことがうかがえる。カトリック教会では、こうした他の異なる宗教や慣習、伝統とキリスト教との対話と受容を「インカルチュレーション（キリスト教の土着化）」とよんでいる。

ここで注目したいのは、「諸聖人の祭日」や「死者の日」などのキリスト教の

典礼には、「煉獄」についての考え方などの神学思想史的な背景の底に、様々な異なる土地の習俗や宗教文化も見出されるということである。キリスト教はこうした様々な習俗・宗教文化と交わることによって世界各地に広がってきた。従って、神学的な地平や教義学などの知的な次元では、死後の世界をめぐってキリスト教独自の思想を展開してきたが、その一方で民間信心の次元では、様々な習俗や宗教と様々なかたちで交わり、ある意味でインターカルチュラルな文化を築いてきたといえる。

キリスト教の文化的受肉と諸宗教との対話については、第二バチカン公会議においてその重要性が再確認され、推進されてきた。そこで教会は、様々な国や地域に根差す伝統文化はキリスト教信仰を妨げるものではなく、むしろそれらは神を賛美し、信仰生活をより一層深めることの助けになると述べている［第2バチカン公会議文書公式訳改訂特別委員会［監訳］2013「教会の宣教活動に関する教令」22項］。

また、古代から現在に至る様々な民族に見出される宗教性は、キリスト教が信仰する最高神や神の認識と完全に相容れないものではなく、むしろ他宗教の中に類似した出来事が見出されることがある。従って他宗教との共存については、「カトリック教会は、これらの宗教の中にある真実にして神聖なものを何も拒絶することはない。その行動様式や生活様式も、その戒律や教理も、心からの敬意をもって考慮する」と述べている［第2バチカン公会議文書公式訳改訂特別委員会［監訳］2013「キリスト教以外の諸宗教に対する教会の態度についての宣言」2項］。こうして第二バチカン公会議において改めて様々な伝統文化・宗教との交わりの重要性が公に宣言されたことは、教会史上の画期的な出来事であったと思う。

諸聖人の祭日、死者の日と魂をめぐる習俗――スペイン、日本の共通性

「ハロウィン」と「諸聖人の祭日」との関係は、インカルチュレーションの代表的な例のひとつである。カトリック教会において「諸聖人の祭日」が祝われる時期に、アメリカやオーストラリアを中心に子供の祭りとしてハロウィンが祝われる。現在においては、世界の様々な地域でハロウィンを祝う習慣が広がりつつある。もともとハロウィンは、古代ケルト民族が、夏の収穫を祝い、夏から冬への移行と新年の訪れを祝った祭りである。11月1日は、ケルトの人々にとって大切な日のひとつであるサウィン（Samhain）の祝祭の日であり、その祭りは夏

の終わりと冬の始まり、新年の到来を意味していた。ケルトの人々にとって冬は闇であり、それは夜・寒さ・死を連想させた。

Samhainの前夜祭である10月31日は生け贄の祭儀の日で、その夜に死者の魂が帰郷すると考えられていた。同時に幽霊や魔女、鬼、妖精などが現れ、特に生前に死者を傷つけた者たちには悪さをするとされていた。悪い霊から身を守るために、Samhainの晩に人々は自分の家に火を焚き、ドルイド(ケルトの宗教指導者)は新しい年のために聖なるカシの木で大きなたき火を熾し、生け贄(収穫物、動物、時には人間も)を捧げ、たき火に残ったものの状態によって次の年の運勢を占っていたという。人々はこのドルイドの焚いた新しい火から火種をもらい、再び家の火を焚いた。時には動物の頭と毛皮を被り、仮装もしたとされる。

このSamhainの習慣は、様々な異なる習俗と次第に交わっていった[35]。そしてキリスト教の伝搬と共にこれらの祭りの慣習は、キリスト教化され、諸聖人の祭日に組み込まれていった。とりわけアングロサクソンの世界においては、諸聖人の祭日、あるいはハロウィンの晩の祝い方にケルトの宗教をはじめとする様々な地域の土着の宗教の慣習の名残がみられる[36]。おそらくそれは、はじめは迷信として継承されたものが、後に楽しみへと変容していったと考えられている[Sanders 2003]。

ハロウィンに見出される「魂」の問題や「魂の帰郷」をめぐっては、様々な地域に類似した文化がみられる。例えばスペインでは、カトリック教会の伝統文化に根差している一方で、魂をめぐる様々な習俗がみられる。とりわけスペイ

---

[35] 例えば、43年のローマ帝国によるブリタンニアの支配の影響で、ケルトのSamhainの伝統にさらに二つの異教の慣習が持ち込まれた。ひとつはフェラリアという祭りで、10月の末に死者の魂を祀るものである。もうひとつの秋の祭りは、パモナという果実と木の女神を祝うものであった。ハロウィンにリンゴが関係しているのは、この習俗の影響と考えられている[Sanders 2003]。

[36] キリスト教の諸聖人の祭日や死者の日と他宗教の祭りの風習との関係に関しては様々な見解がある。例えば、ウィリアム・サンダーズはキリスト教の立場から、「諸聖人の祭日」は、もともとキリスト教の信心から生まれたことを強調している。サンダーズは、教会で祝われている死者の日も諸聖人の祭日も、異教の慣習との関連や名残がみられたとしても、本来はキリスト教信仰に根差すものであり、霊性による教会生活から生じたという点に焦点を当てている。一方で、社会学的見解の中には、カトリック教会がこれらのケルトの習俗を異教徒の儀式としてそのまま認めず、「諸聖人の日」として改め、殉教者や諸聖人との交わりを記念する日としたという点を強調しているものもある[後藤 2000]。いずれにしろキリスト教は、様々な地域にもともと存在していた慣習や土着の宗教を取り込むことによって、それらの地のキリスト教化に成功したと考えられる[Sanders 2003]。

ン南部のアンダルシア地方では、Animas Benditasをめぐる民間信心による信心業が盛んに行われてきた。グラナダ州では、16世紀ごろから煉獄の魂を弔うコンフラテルニタス（信徒信心会）[37]が結成され、彼らによって死者の弔いの儀礼や祭日が時代を超えて維持されてきた。

また、農村や小さな集落には、煉獄の魂に捧げた礼拝堂（Ermita, Capilla）がみられる。これらの礼拝堂は、カトリック教会管轄下の小教区とは関係なく、個人や親族、その地域の住人によって建てられ、管理・維持されているケースが多い[38]。例えば、グラナダのアルプハラ山脈のフェレイロラ村（Ferreirola）にある礼拝堂（Ermita de las Animas Benditas）は、現在においても維持されている建物のひとつだが、村に住む信者が個人的に建て、煉獄に残された魂に祈りを捧げるという特別な意向のもとに、その土地の人々が小教区と無関係に管理・維持している[39]。

また、死者の魂を記念する儀礼は、カトリック教会が公式に祝う「諸聖人の祭日」や「死者の日」のミサのほかに、ベヒハル村（Begíjar）にみられるように、「諸聖人の祭日」の夜に死者の魂を迎えるなど、スペイン各地域で様々な風習や祝い方が見られる[40]。これらの風習や祭りの祝い方からは、それぞれの土地に住む人々の、他界した魂に対しての強い関心と信心を感じることができる。このような信心は日本の「お盆」や「祖先崇拝」にも通じるところがあり、様々な宗教や文化の壁を越えて、普遍的な現象として捉えることができる[41]。

---

[37] 司祭・聖職者から独立した信徒の自主的な運営組織を指す。ラテン語では “*confraternitas*”。共通の信心業を行うものや、病人の世話や埋葬を専門とするものなど多様な共同体が存在した［川村 2002b］。

[38] アンダルシアの Animas Benditas をめぐる信心や信心業については［González 2014］を参照。

[39] フェレイロラの小礼拝堂についての情報は、この村の住人からの聞き取りで得たものである。

[40] ベヒハルはスペイン南部アンダルシア州のハエン県に属する村である。この村では諸聖人の祭りの時に、若者がガチャス（cazuelas de gachas）と呼ばれる食べ物を自分の家の扉の鍵穴に塗る。これによって悪霊が家に入ってくるのを防ぐという。家では、伝統的なチョコレート菓子（tortillas de chocolate）を食べる［ABCdesevilla 2016］参照。

[41] 日本のカトリック教会は、第二バチカン公会議において宣言された諸宗教対話の精神のもとに、冠婚葬祭などの日本の伝統文化と諸宗教との対話を推進してきた。例えば「祖先崇拝」については、その宗教的側面についてはキリスト教と相容れないものがあったかもしれないが、日本人の死者に対する儀礼の多くは、祖先に対する愛と尊敬から生まれたものであり、この点についてはカトリック教会が昔から行ってきた「死者の記念」と共通する点があると述べている［日本カトリック司教協議会 諸宗教部門［編］2009: 85-88］。

4 弔いの比較文化学が拓く真の自己理解と異文化間対話

本稿では、キリスト教における弔いと死者との交わりをめぐって、その神学思想史的背景と伝統文化、および習俗と諸宗教との関係について、死生観、復活信仰、煉獄の概念、諸聖人や死者を記念する祭日というテーマを通して探究してきた。キリスト教において人間の死は、すべての終わりではなく天の父へと向かう新たないのちの始まりとして考えられている。キリスト者は、初代教会のころから、この世に生きる信者と聖者・死者との交わりを信じ、死者のために祈りを捧げることを大切にしてきた。カトリック教会が宣言する教会とは、この世に生きる信徒によってのみ構成されているのではなく、死者と生者とによって構成されている「キリストのからだ」である。このキリストのからだに属するすべての人々は、死者であっても生者であっても、神の愛によって集い、霊的交わりのうちに深く結ばれていると教会は述べている[「教会憲章」49]。この死をめぐる考え方から次第に罪と赦しの問題が強調されるようになり、中世には「煉獄観」が発展した。

一方で、死者や聖者を敬い、祈りを捧げる慣習は、典礼暦の「諸聖人の祭日」や「死者の日」として発展していく。これらの祭日の発展の背景にはもちろん、神学思想史的観点が欠かせない。しかしそれと同時に、煉獄をめぐる民間信心や様々な地域の習俗や土着の信心などが教会の伝統と結びつき、それぞれの地域においてユニークなキリスト教文化へと結実していった。

このキリスト教における弔いをめぐる文化と他宗教、習俗との関係は、比較文化学とは何かという問題や、諸宗教対話を考えるうえで重要なカギとなる。比較文化学とは、単に異なる(二つあるいはそれ以上の)既成概念や文化の比較だけではなく、スペインの神学者レイモン・パニカー[42]の言葉を借りると、equivalentes homeomórfícos(位相同型)の発見である[43]。すなわち、それぞれの概念や文化の

---

[42] Raimon Panikkar Alemany(1918年-2010年)。インド人の父とカタルーニャ人の母の間に生まれたカトリック司祭。ヒンドゥー教とキリスト教という二つの異なる伝統や世界観の中で育つ。比較文化論や諸宗教対話論をはじめ学際的な研究で知られるスペインの現代神学者、思想家である。

[43] 宗教あるいは異文化間の対話において、Equivalente cultural ──つまり文化的類似性を見出すこと。例えば、キリスト教文化における「パンと葡萄酒」は日本文化の「酒と米」にあたるといった考えがある。

背景に見出される霊性・習俗・歴史などを総合的な視座から明らかにし、両者の類似性を互いに発見する試みであるといえる。このことが、真の自己理解（あるいは自己の伝統文化への理解）へとつながり、最終的には真の諸宗教対話あるいは異文化間対話につながると考える。このような異文化とのかかわりは、今後多文化共生社会へと向かう日本社会において重要な課題である。弔いや死生観を通して比較文化学を学ぶことは、この多文化共生社会を生きるための知恵の獲得につながると考えられる。

参考・参照文献

Finkenzeller, J. (1995) "Purgatory," W. Beinert and F. S. Fiorenza (eds.), *Handbook of Catholic Theology*, New York, Crossroad.

González, J. Z. (2014) "Ánimas benditas del Purgatorio. Culto, cofradías y manifestaciones artísticas en la provincia de Granada," F. J. Campos y F. de Sevilla (coord.), *El mundo de los difuntos: culto, cofradías y tradiciones, vol. 2*, Ediciones Escurialenses, pp. 1071-1088.

Sanders, W. (2003) *Día de Todos los Santos y Día de Todos los Muertos*, CERC (Catholic Education Resource Center).

石井祥裕（2009）「煉獄」新カトリック大事典編纂委員会、『新カトリック大事典Ⅳ』東京：研究社。

大貫隆（2002）「死」大貫隆、名取四郎、宮本久雄、百瀬文晃［編］『岩波 キリスト教辞典』東京：岩波書店、p. 456。

川村信三（2002a）「トリエント公会議」大貫隆、名取四郎、宮本久雄、百瀬文晃［編］『岩波 キリスト教辞典』東京：岩波書店、pp. 824-825。

川村信三（2002b）「信徒信心会」大貫隆、名取四郎、宮本久雄、百瀬文晃［編］『岩波 キリスト教辞典』東京：岩波書店、p. 598。

後藤信（2000）「季節と祭り――自然及び社会環境の視点からの考察」『社会情報学研究（呉大学社会情報学部紀要）』(6)：185-205。

新カトリック大事典編纂委員会［編］（2009）『新カトリック大事典Ⅳ』東京：研究社。

杉崎泰一郎（2002a）「クリュニー会」大貫隆、名取四郎、宮本久雄、百瀬文晃［編］『岩波 キリスト教辞典』東京：岩波書店、p. 339。

杉崎泰一郎（2002b）「煉獄」大貫隆、名取四郎、宮本久雄、百瀬文晃［編］『岩波 キリスト教辞典』東京：岩波書店、p. 1226。

杉崎泰一郎（2002c）「オディロ」大貫隆、名取四郎、宮本久雄、百瀬文晃［編］『岩波 キリスト教辞典』東京：岩波書店、p. 176。

第２バチカン公会議文書公式訳改訂特別委員会［監訳］（2013）『第二バチカン公会議文書改訂公式訳』東京：カトリック中央協議会。

第２バチカン公会議文書公式訳改訂特別委員会［監訳］（2014）『第二バチカン公会議文書教会憲章』東京：カトリック中央協議会。

高瀬弘一郎（2002）「高山右近」大貫隆、名取四郎、宮本久雄、百瀬文晃［編］『岩波 キリスト教辞典』東京：岩波書店、pp. 718-719。

デンツィンガー、H［編］、シェーンメッツァー、A［増補改訂］、浜寛五郎［訳］（1974）『カトリック教会文書資料集――信経および信仰と道徳に関する定義集』（*Enchiridion Symbolorum et Definitionum*（1854年初版））東京、エンデルレ書店。

豊田浩志（2002）「ディオクレティアヌス」大貫隆、名取四郎、宮本久雄、百瀬文晃［編］『岩波 キリスト教辞典』東京：岩波書店、p. 760。

日本カトリック司教協議会 教会行政法制委員会［訳］（1992）『カトリック新教会法典』東京：有斐閣。

日本カトリック司教協議会 教理委員会［訳・監］（2002）『カトリック教会のカテキズム』東京：カトリック中央協議会。

日本カトリック司教協議会 常任司教委員会［監訳］（2010）『カトリック教会のカテキズム要約（コンペンディウム）』東京：カトリック中央協議会。

日本カトリック司教協議会 諸宗教部門［編］（2009）『カトリック教会の諸宗教対話の手引き』東京：カトリック中央協議会。

日本カトリック典礼委員会［編］（2004）『カトリック儀式書 葬儀』カトリック中央協議会。

宮越俊光（2002）「聖霊降臨」大貫隆、名取四郎、宮本久雄、百瀬文晃［編］『岩波 キリスト教辞典』東京：岩波書店、pp. 672-673。

宮坂明（2002）「カタコンベ」、大貫隆、名取四郎、宮本久雄、百瀬文晃［編］『岩波 キリスト教辞典』東京：岩波書店、pp. 210-211。

百瀬文晃（2002）「ディオクレティアヌス」大貫隆、名取四郎、宮本久雄、百瀬文晃［編］『岩波 キリスト教辞典』東京：岩波書店、pp. 653-654。

ル・ゴッフ、ジャック（1988）『煉獄の誕生（叢書・ウニベルシタス 236）』、東京：法政大学出版局。

参照Webサイト

ABCdesevilla (2016) https://sevilla.abc.es/andalucia/sevi-otras-tradiciones-todos-santos-201611010821_noticia.html

座談会 III

日本における弔いの現状と未来

「死」との断絶を克服する必要性

●参加者●

小河久志／川村義治／川本智史／桑野萌／小磯千尋／
小西賢吾／坂井紀公子／藤本透子／本康宏史／山田孝子

人口の減少やライフスタイルの変容は
弔いのありようにも大きく影響を与えてきました。
死の産業化・個別化、延命の是非、孤独死、弔いの簡素化、墓じまい……。
弔いをめぐる諸問題には現代日本の課題が象徴的に表れており
その解決策を考えることは日本の未来を考えることにつながります

小西賢吾●現代日本において「弔い」や「死」にいかに向き合うか、また比較文化学的にこの「弔い」や「死者儀礼」をみることがどのような意義を持っているのかについて、考えたいと思います。

暮らしの変化が変える弔い——人口減と墓じまい

社会の変容が生んだ現代の死生観——人間関係の希薄化、生活環境の変化の影響

山田孝子●死者にとっての死はどこまでも個人的なことではありますが、その死者が属する社会においては、それを集団として受け止めるために、さまざまな人が関わって弔いをしてきました。ところが現代の日本では、死が個の問題になっていく傾向が強いと感じます。

死の個人化の問題が象徴的に表れるのが、日本の場合はお墓の問題です。お墓をなくして散骨するとか、死や弔いが社会や家族から離れて、すごく個人的な出来事になりつつというある印象です。

藤本透子●お墓の問題については、人口の増減が大きく関連していると思います。私が調査しているカザフスタンは、時期によっても違いますが、人口が増えている社会です。日本の場合も、もちろん例外はありますが、人口が増えていた時期には子孫も増えるので、お墓を守る人も継続的にみつかった。しかし、これだけ人口が減ると従来の方法では維持が難しいので「墓じまい」が注目されているのだと思います。また、集団と個という暮らし方についての別の問題もまたあって、二つが重なりあって起こっているように感じますね。

山田●人口の問題よりも、大きいのは生活の変化かもしれません。暮らし方の変化が家族や親族の構造も変えてしまっている。日本の場合はとくにそうです。たとえば「墓じまい」が注目されるのは、現代の日本人の多くが生まれた土地から出て暮らしているからでしょう。同じ地域に住んでいたら、親の墓の世話はできるはずです。

自分に子どもがいなくて墓の世話をしてもらえない場合はありますが、かつてなら子どもができなかった家は養子を迎えたわけです。畑や田圃などの守らなければいけないものがあるから、そうしてずっ

▶写真1
墓参りのようす
山間地などに設けられた墓地では、高齢者が墓の世話に行くことは難しくなる。子どもや孫が離れて暮らす家では維持が難しくなることから「墓じまい」を選択する人も増えている

と家をつなげてきた。ところが現在では生計の質も変わって、家として守るべき生計もありません。だから養子をとることもなく、その家をその代で終わりにしてしまうことが多い。こうした日本人の暮らし方の変化が、弔いにも大きく影響をしているのではないかという気がしますね。

弔いにみる人類の根源的な意思

藤本●「墓じまい」に関連して、一つのお墓に関係のない人たちが一緒に入って、名前だけはどこかに集合的に残すという集合墓の形態が増えていますね。これも弔いや死の個人化と重なり合いながら進んでいるように感じます。

山田●やはり完全にはなくさないんですよね。「墓じまい」をしても墓をゼロにするわけではなく、どこかに集合して頼む場合もある。

藤本●そうですね。子孫ができないから委託するわけです。

山田●そうすると、やはり「死者に対して何かをしなければいけない」という部分はなくなっていない。これはなぜかということです。「墓じまい」をするにしてもしないにしても、やはり誰にとっても死というものはすごく重いのだと感じますね。

藤本●弔うという行為がなくならないのは、やはり死を受け容れて納得することが、生きていくうえで必要だからではないでしょうか。

山田●弔うという行為は、人類史のなかでヒトがヒトとなった時点ですでに発生していたと言われています[1]。「身近な者が亡くなったことに対しては、何らかの特別な行動をしなければならない、したくなる」というヒトとしての根源的な部分がある以上、いくら個人化しても、たとえ「墓は継ぎたくない」と言ったとしても、親や親族の死にあたっては、その悲しみや喪失感を受け容れて乗り越えるための何らかの行為は必要です。

そのときに、イスラームやキリスト教、仏教など、何らかの宗教を信仰していれば、その教義に則った方法で弔うことで、社会的にも個人的にも、何とか恐れや悲しみを解消して生きていけたわけです。ところが、近代化が進んでそうした宗教から距離をとるようになってしまった現在、そのヒトとしての根源的な部分が残っているのにもかかわらず、いかに弔うかという方法をもたなくなっていることが問題だと考えています。

死者の社会関係が如実に表れる葬式

小西●個人的に恐れや悲しみを乗り越えるための機能の他に、弔いには社会的な面がありますね。葬式というのは、その弔われる人の人生のなかで、その人のためにもっとも多くの人が集まる機会ではないかという印象をもっています。葬式の参列者をみることによって、その弔われる人の社会関係もわかってしまう。その意味でやはり葬式というのは、冠婚葬祭のなかでもっとも社会的な営みではないかと思います。

小河久志●たしかに、人との別れの場である葬式が、人と人とをつなぐ場でもあるんですよね。

本康宏史●私が金沢で経験したなかで最大の葬式では、3,000人ほどが参列したものがありました。まさに社会的なものだと感じましたね。

小西●人生におけるさまざまな儀礼のなかで、それだけの人を集めるものは他にないですよね。それが「死」というものが持っている大き

1） 本書39ページからの山田孝子による論考も参照。

▶写真２
葬儀場の祭壇
近年では家での葬儀は減り、葬祭センター等で行われる場合が増えている。葬儀の会場、参列者や供花の数などは、故人とその親族の人間関係・社会関係を映し出すことが多い

な力なのかなと思います。

桑野萌●その一方で、一人で孤独に亡くなる方もいるし、たくさんの人を呼ぶこともなく、家族葬で送られる人もいますね。

山田●そこに死者のそれまでの社会関係が反映されて、如実に出てしまうことになります。

桑野●私が初めて参列した祖母の葬式には来た人が本当に少なくて、親戚もほとんど来ていなかったんです。悲しかったですね。

本康●現実の社会での人間関係が希薄だったということでしょうか。

桑野●そうですね。それが葬儀に表れたのだと思いますが、あまりいい思い出ではありません。

山田●喪主の選択で、どこまで通知するかということもありますよね。私の義理の父が亡くなった際には、義母が誰にも知らせたくないということで、家族だけで送りました。

本康●いろいろな人に負担になったり、迷惑がかかったりするから、葬式の知らせをしないという人も多いですね。

山田●かつては家族・親族すべてが近くにいたのが、現在はあちこちに離れてしまっていることが多いので、それが影響していると思います。遠方から来てもらうのは悪いからという意識が働くんですね。

本康●たしかに、かつては家で亡くなるのが普通で、家族も親戚も近くに住んでいたから、みんなに看取られて亡くなって、みんなで葬儀ができました。北海道にいる身内の葬儀が２年ほど前にあったのですが、本人の意思で、私たち親戚にも知らせずに家族だけでしたと、何週間か経ってから知らせがありました。私自身が金沢から行くことを考えると、申し訳ないのですが、正直に言ってありがたかったですね。

社会関係の総括としての葬儀——ウガンダの事例

坂井紀公子●葬儀のときに亡くなった人の生前の社会関係が表れてしまうという経験は、私もしたことがあります。2018年の夏、ウガンダでの調査中に、調査対象であるアチョリのコミュニティのある方が亡くなりました。そのときに、亡くなった人が誰とどんなトラブルを起こし、どんな関係を持っていたかといった情報が、葬儀中人びとのあいだにひろまっていくようすを目の当たりにしたのです。

彼らは、人は死んでもスピリッツは残ると信じていて、不満があるスピリッツは生きている者の近くに居座り続けて親族の子孫などに悪影響をもたらすと考えています[2)]。ですから、亡くなった人が生前トラブルに遭っていた場合、親族は、死者が心残りをもちそうなことを明らかにして、それを解消させてあげようとするわけです。そのために過去のさまざまな出来事、トラブルなどの話が、葬式当日からその後の数日のあいだに、噂としてコミュニティ内を流れていきました。

しかも、４週間ほど雨が降っていなかったのですが、葬式が始まると雷が鳴って雨が降りだしました。その場にいた参加者たちは「スピリッツが怒っている」と感じたようです。それと同時に、死者が経験した過去のトラブル等のエピソードが人びとのあいだに流れて、その「怒っている」原因の解決のための話し合いがその後何日も続きました。一連の出来事から、葬式というものは、その人がそれまで生きてきた社会関係を整理するプロセスだと理解できましたね。

川本智史●それは公的な場で大っぴらに「こういうことがありまし

---

2) 詳しくは本書の座談会Ⅰの19、25ページを参照。

た」と話すのではなく、ヒソヒソと噂をするだけですか。

坂井●全体で共有するわけではなく、亡くなった者の親族でかつ長老と呼ばれる50歳代以降の年配者たちが会合をもって、スピリッツの不満の解消について時間をかけて話し合います。その内容が噂としてコミュニティ内に漏れてくるわけです。

川本●具体的には、どんな問題をどう解決するのですか。

坂井●たとえば亡くなった人が隣の住人と土地相続の争いをしていて、互いに罵声を浴びせあったことがあって恨みあっている。その隣人は亡くなった人に対して呪術を仕掛けていて、それについては目撃者がいる。このことについて、その隣人がどう謝って、どう処理するのかといった話をするそうです。死者を鎮めるための決まった儀礼があるらしくて、それを何日間行うかという計画を立てます。

山田●亡くなった人の死因は呪術ということになっていたのですか。

坂井●そうですね。もともと持病を持っていましたが、それは悪化したとしても死ぬようなものではなかったんです。亡くなる何か月か前から奇妙な現象が何回もその人の周辺で起こっていたらしくて、徐々に衰弱していき死んでしまったらしいです。亡くなったあとの話し合いには、死因の確認という意味もあるんでしょうね。

川本●そこで誰かを糾弾して罰を与える方向にはいかないのですか。

坂井●実際に誰が何をしたかというのは、わからないわけです。目撃者がいたとしても、本当に呪術を使ったかどうかは証明できないですからね。もし間違えたら大問題になってしまいます。

山田●だから、誰がしたかを特定するよりは、むしろ原因になった根本の問題を解決するほうに向かうわけですね。

坂井●もしくは逆に呪術を掛け返して、しばらくして亡くなる人がいたら、「やっぱりあの人が呪術を掛けたんだ」といって納得する。

　ともかく、あれほど噂されると思うと、うかうか死ねないと思いましたね。トラブルの解消や人間関係のもつれを解消してから死にたいです。(笑)

山田●日本でも、お通夜の席では亡くなった人をめぐってさまざまなことを語りあいますから、わだかまりなどがあれば吐き出すことはあるかもしれません。相続の話が出てもめたという話は聞きますからね。

桑野●葬儀の方法をめぐって普段からあった親族間の不和がより露骨に出るとか、ゼロではないですよね。

山田●アフリカの事例は葬儀の社会調節機能を示していますね。

誰にも迷惑をかけずに死ぬことはできるのか

小西●死に方に関連して、ある大学の文化人類学の授業で「どのように死にたいか」について学生に書いてもらったところ、答えは二つに分かれました。一つは「家族や仲のいい人に囲まれて死にたい」というもので、もう一つは「誰にも迷惑をかけずに死にたい」という意見です。しかし、社会関係というのはある意味で迷惑をかけ合わざるを得ないものですから、人が誰にも迷惑をかけずに死ぬことは、現代社会ではかなり困難ではないかと感じます。

山田●難しいと思いますね。ソリタリー[3]と集団で生きる動物とは、他者との関係のあり方が違うと思います。集団で生きる動物では、もともと「迷惑をかける」という考えはなかったかもしれない。しかし、「誰にも迷惑をかけたくない」と若い人たちが言うのは、近年の風潮で、お年寄りが「迷惑をかけずに死にたい」と発言する機会が多いことが影響しているのではないでしょうか。「迷惑をかけない」という話題は、さまざまなところで出てきているように感じます。

桑野●たしかにそうですね。あちこちでみる気がします。

山田●しかし、人間が単一で生きているわけではない以上、「誰にも迷惑をかけない」、「関係性なしに生きる」ことはありえないと思いますね。関係をさらに希薄にするとか断ち切るということではなく、関係性があるのは常態ですからそれは受け止めて、そのなかでいかに生きていくかという方向に議論をもっていく必要があると思います。死についてもそうで、たとえ孤独な死を迎えたとしても、誰にも迷惑をかけずに一人で処理できるわけではありません。

3） 繁殖期以外は単独生活が基本となる動物の生活様式。

小西●たしかに、何らかのかたちで誰かが遺体の面倒をみないといけないことは間違いないですね。

山田●ですからむしろ「関係性を持って生きるのがヒトである」ということを私たち自身が再確認して、それを踏まえたうえでさまざまな問題に対応するための議論をすべきだと思います。

坂井●そうですよね。「死んだら山に埋めてください」と信頼できる人に頼んで死んだとしても、白骨が発見されたら、事件として警察が動いてしまいますものね。そっとしておいてくれない。

小西●警察や行政が調べても身元が判明しなかった死者は「行旅死亡人」という扱いになって、自治体が火葬したうえで遺骨を保管し、年齢や外見の特徴、所持品などが官報で公告されます。遺骨はいったん自治体が預かりますが、引き取り手が現れなければ合葬して無縁仏として弔われます。死者や遺体を放置して何もしないことは犯罪ですから、最後の最後は行政がセーフティネットになっているわけです。

川本●お年寄りが徘徊した先で行き倒れた結果、身元が判明しないケースがけっこうあるという話を聞いたことがありますね。

山田●身元不明のまま行政が火葬にすることは、東京都では年間に何件もあるようです。そうした対応をみていると、やはり人の死というのは単なる出来事ではないのだと感じます。行政がそれだけ手続きをきちんとするのは、遺体というものが特別な存在だからでしょう。だからこそ死体遺棄は重罪と決められていて、放置は絶対にできない。

桑野●そうですね。許されないことで、あってはならないことですが、死体遺棄が一時的にでも認められてしまうのは、おそらく戦争状態のときだけですね。戦争では死体を積み重ねて焼却するなど、遺体がモノとして扱われてしまうような事態がしばしば起こります。

山田●日本の場合は遺骨についての考え方が特徴的で、第二次世界大戦の戦地で亡くなった人たちの遺骨収集は現在も行われていますね。

川本●戦地で亡くなったいわゆる「英霊」については、靖国神社に帰ってくるという考えがありますよね。

山田●それに従えば骨はなくてもいいはずですが、やはり遺骨への強い思いを感じます。もちろん魂は飛んでくるのですが、それが入っていた身体も日本では大事にしている面があります。

坂井●遺体や遺骨を目にしないと、亡くなったという事実を受け容れたり納得したりすることが難しいのかもしれませんね。

墓と供養に悩む日本人、共同体を頼るカトリック

藤本●遺骨についてもそうですが、墓に対する感覚も日本には特徴的なものがあるように感じます。

桑野●私の個人的な印象ですが、日本人は「どこのお墓に入ろうか」とか「自分のお墓をどうしようか」ということについて真剣に悩んでいる人が多くないですか。

坂井●「お墓を用意しなくてはいけない」という感覚ですね。

桑野●先ほどもあったように「墓じまい」という話題が盛んになるのもそうですが、同年代の人からも「墓を用意している」という話を何度か聞いてびっくりしました。イタリア人やスペイン人に比べると、日本人は「自分の骨はどこに行くのか」、「どう死んでいくのか」みたいなことを考えている人がすごく多い気がします。

小西●とくに近年では「終活」という言葉をよく聞きます。あれで「最後の処理をちゃんと考えましょう」という発想が広まっていることも影響しているかもしれないですね。相続や財産処分、どう埋葬されたいかまで全部決めて死ぬべきだという風潮があります。

山田●生まれた土地にそのまま暮らしている人たちは、その地域でずっと続けてきた慣習があって、ネットワークもあるから、人が亡くなったときにも近所の人の力を借りながら弔いもできます。しかし、都市生活者はそれがないわけです。隣近所も何もないので、あるときはたと心配になる。そういう都市生活者に向けてメディアも「考えたほうがいいですよ」と動いていて、情報や宣伝が溢れている。

小西●たしかに、厳密に一から十まで決めなくても、「子どもがなんとかしてくれる」とか「うちはあの寺の檀家だから、お寺に任せておけばなんとかなる」という状況だったのが、それがないとなると自分でせざるを得ないことになってしまう。日本では、「どこでもいいか

▶写真3
法事のようす
生まれた土地にそのまま暮らす日本人の多くは、その土地にある寺の檀家となっており葬儀や法要を営むことができる。そのネットワークがない都市生活者は別の選択を迫られる

らお寺に任せればなんとかなる」というわけではありません。縁もゆかりもないお寺にいきなり「葬儀と埋葬をお願いします」といってもおそらく無理ですね。カトリックではどうですか。

桑野●カトリック教会の場合、通常、教会台帳に登録されている信者さんが亡くなった場合には、その登録されている教会でミサをします。カトリックであれば別の教会に登録を変えることもできて、そこで葬儀ミサをしてもらえます。お墓に関してはそれぞれの家族の問題なので介入しませんが、葬儀ミサについては教会共同体で担ってもらえるわけです。

ただし、日本で難しいのは、亡くなった人だけがカトリック信者で、家族・親族がそうではない場合です。教会共同体の人たちが葬儀をしたいと思っても親族が拒否することもあります。そうして別のところで葬儀を行った場合でも、教会共同体としても追悼ミサをするなど、必ず共同体のメンバーを思い起こす何かの儀礼はします。キリスト教では、大切なのは葬儀や埋葬の場所ではなく死者を思い出すこと、追悼することだと考えています。

小西●お寺の檀家というのは個別のお寺と個々の家との関係なので、たとえ同じ宗派であっても、他のお寺に移籍するといったことは難しい。たとえば東京に引っ越した際に地元のお寺の檀家をやめて東京のお寺の檀家になることは、現実的ではありません。

桑野●その点ではカトリック教会は融通がききます。カトリック教会であれば登録を移すことはできますし、どこに登録してもかまいません。墓については自分で購入する必要がありますが、追悼については共同体の誰かがしてくれるだろうという意味での安心感はあります。

弔いの比較文化学の可能性——死の産業化・デジタル化・個別化を超えて

理性ではとらえきれない死を感得する必要性

坂井●弔いや死について考えるなかで気になっているのは、ここ何年かのあいだに日本で、「殺してみたかった」という理由で無差別に殺人をする人が何人か出ていることです[4)]。比較文化学のテーマとして弔いを取り上げて考えるなかから、この問題をどうとらえたらいいのか、ずっと悩んでいます。「死というものがわからないから、死ぬところを見てみたかった」という供述を聞いても、その感覚が本当にわからない。

本康●よく言われることですが、現代は死に対するリアリティがどんどん失われているように感じます。リアルに死に接する現場がなくなった一方で、ゲームなどバーチャルに死を描いたものからは刺激をたくさん受けるので、死というものの観念、イメージだけはふくらむけれども、切れば痛みを覚えて血が出るとか、失血がひどければ死に至るとかいう感覚が麻痺してしまっているように思いますね。

坂井●ただ、私も死のリアリティを感じずに育ってきて、祖母が亡くなったときにも、あまり感情が湧きませんでした。仲が良い人が亡くなったときも、「ああ、死んだのね」という感じで終わった。こうして無感情になることと死がわからないこととが同じならば、私も無差別

---

4) 2014年、名古屋大学の女子大学生が当時77歳の女性を殺害した事件が発生（名古屋大学女子学生殺人事件）。捜査の過程で高校時代にも劇薬を飲ませた事件などがあったことも発覚、加害者が「人を殺してみたかった」と供述したことが世間を騒がせた［一橋 2015］。その他、加害者が「人を殺す経験をしたかった」と供述した「愛知県豊川市主婦刺殺事件（2000年）」、「遺体を切断してみたかった」と加害者が供述した「会津若松母親殺害事件（2007年）」、女子高校生が同級生を殺害し「人を解剖してみたかった」と供述した「佐世保女子高生殺害事件（2014年）」などがある。

に人を殺める人にならないとも限らない。死と遠い関係で育ってきた私にとって彼らは特別な存在ではないし、無差別に人を殺めてしまう人の予備軍がたくさんいるのではないかという怖さを感じます。そういう予備軍が予備軍のままで留まるためには、死とか弔いというものをもっと近くに戻さなくてはならないという思いはあります。

桑野●近年のさまざまな事件をみて、そして学生に接していると、人間をまるで機械のようにとらえている人が多いように思います。とくに非常勤をしていた都心の大学で生命倫理の講義をしていて、それを強く感じました。心の動きを機能だととらえるとか、普通にそういう言葉が出てくる。生の身体という感覚ではなく、まるで電子信号で操作できる機械のようにとらえているような気がしたことがあります。

小西●それは興味深い視点で、自分の知性と理性ですべてをコントロールできると思ってしまっている人が多いように思いますね。しかし死というのはいつ来るかわからないし、そのときどうなるかもわからないし、コントロールできるものではない。死というのはそういう「理性が絶対的に届かないもの」なんですね。だからこそそれに対応するために宗教などが必要で、先人たちは死を受容し乗り越えるシステムを構築してきたわけです。しかし、そういうものに触れる機会がなければ、あくまでも理性的に「じゃあ、死がどんなものかみてみよう」という感じになる人が出かねないというのはわかりますね。

本康●科学や医療の進歩によって、人体の機能が生物学的にわかってきて、情報もどんどん発信されている。たとえば妊娠・出産については、かつてはよくわからないからすごく恐れを抱いていました。ところが人体の機序が明らかになってきて、しかも映像でわかりやすく教えられると、単なる化学変化とか物理的な問題として把握できるし、コントロールできると考えがちになりますね。

桑野●出産に関してはたしかに科学的・機械的な側面が強くなっていると感じます。ヨーロッパでは、体外受精は当たり前のように行われていて、私の知人の女性もほぼ全員が体外受精をして出産している。そしてまるで人形がほしいとかロボットがほしいというのと同じような感覚で、自分の子どもを思い通りにつくるにはどうするかみたいな話をしています。
山田●そうした傾向は日本にも入ってきていますね。そして妊娠・出産をどうとらえるかということと、死をどうとらえるかということとは、背中合わせになっている問題だと思います。

専門家による死の産業化と意識の変容

坂井●文化人類学の講義で死について話をしたとき、授業が終わってから自分が持っている死のイメージを感想用紙に書いて提出してもらいました。それをみると、祖父母などが亡くなった経験をしている人は、死に対するイメージや考え方をきちんと言葉にできる。ところがそれがない人からは、「わからない」、「まだ死なないし」といった他人事のようなコメントしかありませんでしたね。看取るまではいかないにしろ、身近にいてお世話をしていたとか、亡くなる間際まで家で一緒に暮らした経験をもっているかいないかで、死に対するイメージの量がまったく違う。
山田●近親者を亡くした経験があったとしても、死というもの自体を身近に感じなくなっているのは事実ですね。病気になったら病院に入って、医療措置をされているなかで亡くなるのが普通になっていて、家で亡くなることはまずありません。ますます死からは遠ざかっていて、本当に絵空事のような印象になってしまう。
小西●その背景の一つとして、専門家による死の産業化があると思います。かつては遺体に死装束を着せて棺桶に入れるのも家族など近親者がしていたはずですが、現在ではすべて専門家に任せきりです。火葬にしても、火葬場に行ったら自動的に処理される。人が亡くなったという事態に直面したとしても、その前後の様々なケアは、すべて遺族の手が触れないところで進行することが多いですね。
坂井●葬送儀礼は専門化していると同時に、簡略化してきてもいますよね。初七日を葬儀と一緒にするなどサッと終わらせ、日常生活に戻るのが早いような気がします。
小磯千尋●日本では「死のポルノグラフィ化」が進んでいるという指

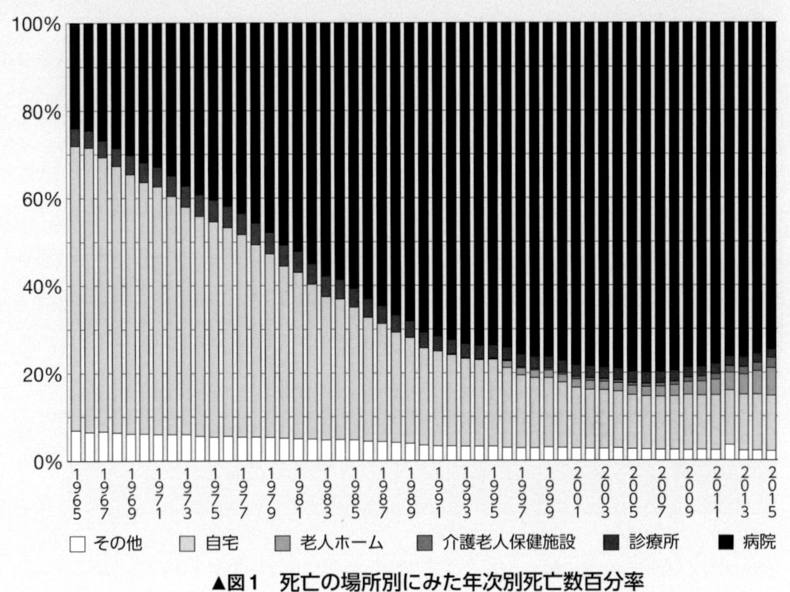

▲図1　死亡の場所別にみた年次別死亡数百分率

厚生労働省「看取り」に関する参考資料より作成

〈https://www.mhlw.go.jp/file/05-Shingikai-12404000-Hokenkyoku-Iryouka/0000156003.pdf〉

摘を読んだことがあります。家で誰かが亡くなることもなく、みんな病院で亡くなる。どんどん死を「見てはいけないもの」にしてしまっている。死が覆い隠されている社会だと言われていますね。

川村義治●近年では、お通夜の時間も短くなって、形式的になってきました。1時間もあればすぐ行って帰って来られるようになりましたし、病人は病院で亡くなったら、家に帰らないですよね。

小磯●私も葬儀を2回経験しましたが、病院で亡くなったあと遺体は葬儀社が預かってくれるので、家にはまったく死を持ち込まないまま葬儀を迎えました。こうなると死は遠いものになっていきますね。

やはり亡くなるまで看病をしていて、だんだん食事ができなくなって痩せていくようすなどをみていたことで、その人とのつながりを強く感じるようになりました。また、人工呼吸の場面や、衝撃的でしたが最後の場面をみたことは、子どもにとって教育になったと思います。

山田●死について専門家に任せることはやむを得ない面もありますが、人の生き様を隠さないことが大切だと思いますね。

◀写真4
墓参り

日頃から祖先や亡くなった親族に思いをめぐらす機会があれば、自らが老いて死ぬことへの意識が変わる可能性がある

坂井●それから、死後もさまざまな儀礼を通して死者や死後の世界とつながり続けていることを、子どものうちから経験させる必要があると思います。それによって自分がいずれは老いて死ぬことを想像できる。その経験がないと死にどう向き合えばいいのかがわからない。それが若者の死に対する意識の変化にもつながっていると思います。

山田●死に対する意識の変化については、亡くなる前、死に向かっていく段階での接触がないことのほうが問題は大きいように感じます。

坂井●人が弱っていく過程をみるという機会も少ないですからね。

小西●今朝みたチラシに「人生100年時代に80歳までバリバリ働くにはどうすればいいか」と書いてあって驚いたのですが、こうして平均寿命が延びて高齢化が進むなかで、「ずっと元気でいたい」、「ずっと元気でいるべきだ」ということが社会通念となってきているように感じます。その一方で、死に向かって徐々に弱っていく部分を社会としてどう受け止めるかについては、一部の施設や専門家に丸投げされて隠されている状態です。死に向かう過程で周囲の人がどう接するかという部分はとばして、いきなりおしまいという状態ですね。

坂井●たしかに、「理想はピンピン・コロリだ」ということは、盛んに言われていますね。

死からの隔絶と出産と介護への接近

山田●我々人間は周囲の人と接触しながら生きてきたわけですが、現代では、自分と周囲を取り巻く人々との距離がどんどん広がっていく社会になっている気がします。同様に死との距離も離れていっている。死なないペットがいいからとロボットを買って一緒に暮らす人もいるでしょう。こうなると、これまでの社会で受け継がれてきた生き物に対する感覚というものが、いつまで維持されるのか不安になります。

死にしても生にしても、それを考える際には私たちが「生きている」、「生き物である」ことが原点にあると思います。そして互いが「生き物として生きている」ことを感じるのは、やはり近くにいて接触することを通じてしかできない。

坂井●触れることもみることもなければ、イメージも湧きませんよね。

山田●弔いが社会文化の根幹にあったのは、「互いに生き物として生きている」ことが原点にあったからだと思います。もちろんそれぞれの社会の仕組みに応じて多様な方法はありますが、やはり「生きている仲間が消えた」ことに対する調整として機能していたわけです。現代のように生き物であることから離れていくと、人間の心はこれからどうなっていくのか、すごく不安を覚えます。

川本●生き物であることから離れ、死から遠ざかる傾向の一方で、近年は出産に立ち合うことが増えていますね。かつては周囲の助けを得ながら家で産んでいたのが病院で産むようになって、そうして専門家に委ねられていたところに今度は旦那さんが入るようになった。

山田●距離を縮める傾向も一方ではあるということですね。

藤本●在宅ケアで看取るという動きが出てきているのも、同じような傾向かもしれないですね。家から出て専門家の手によっていたものを、もう一度戻すような動きです。

山田●現実はみんな「在宅がいい」と思うのですが、それはたいへんだから泣く泣く病院や施設に行っています。喜んで行く人はいない。みんな本音は家で亡くなりたいと思っているでしょう。でも日本で

◀写真5
デイサービスに向かう高齢者
自宅で看取るためには在宅介護ができる状態を作らなければならないが、それには働き方も含めた社会システム全体の変更が必要になる

はそのシステムがまだ整っていませんね。家族が昼間働きに出ながら在宅介護ができるかというと、難しい状況です。

小西●それは高齢者の介護もそうだし、子どもの保育もそうです。専門家に委ねざるを得ないというのは、家族が働かざるをえないことと裏腹なんですよね。「老老介護」という言葉もありますが、昔なら引退して家にいるはずの年齢の人が、介護されるような年齢になっても働き続けなければならない状態であれば、保育も介護も家族ですることはできません。

山田●北欧などで在宅介護が可能になっているのは、たとえば残業はなくて定時に帰れるし、共働きであってもどちらかが帰宅時間を早めるなど調整が可能で、やりくりできる社会のシステムがあるからです。それがなければ実現は不可能です。とくに日本は高齢者人口に見合ったシステムを整備せずにこれまで放置してきました。これは日本の経済システムとも関連する問題です。

また、そうしたシステムがうまく機能するためには、互いを支える関係、つながりあう関係が大切であることを、小さいうちから子どもたちに教えていく必要があります。「介護はいや」、「人とつながることはいや」という若者ばかりになってしまったら成立しないわけです。

私たちの社会が成り立つ原点は、「人間は人と人とのつながりのなかで生きている」ということです。弔いはそれを確認する一つの象徴です。子どもが成長する過程で、このことを常に感じさせ、会得させる必要を感じます。人と交わらずに勝手に生きるのは楽ですが、私たちは一人では生きられないという自覚をもたせることですね。

延命治療の是非と生物学的死・社会的死

桑野●死を遠く感じてしまう原因の一つに、死に方の問題もあると思います。たとえば延命治療です。私の身内も亡くなるかなり前から意識がなくて、呼吸器がなければ生きられない状態で、コミュニケーションをとれない期間が長くありました。そうしてあるとき突然、その呼吸器をはずして亡くなる。すごく死のプロセスが人工的で、死というものを身近に感じられなかったんですね。

山田●たしかに、死との向き合い方を医療が変えている面があります。

桑野●延命治療をすることは本人の意思ではなかったと思います。家族の意思でもなく医者から言われて決めた部分があって、家族は現在でも後悔しているようです。私のなかでは、意識を失ってコミュニケーションがとれなくなった段階で亡くなったという感覚です。

本康●延命治療によって延ばされる生に、どこで折り合いをつけるかという話ですね。だんだん弱って息が切れて亡くなればみんな納得できますが、自発的な呼吸が切れても呼吸器がつながっていたら呼吸できて、「生きている」ことになってしまう。

桑野●医療の進展にともなって、どの時点が死なのか、境界線がわからなくなってきています。身内が亡くなったときに、死というのはこれほど機械的に、人工的に決められてしまうものなのかということをすごく感じたんですね。

小西●人類学の教科書などでは、「社会的な死」と「生物学的な死」は違うという説明をします。テクノロジーが進展して「生物学的な死」がコントロールされる一方で、「社会的な死」が不明瞭になっている。かつては供養や儀礼、家族や社会の存在が「社会的な死」を保障していたわけですが、それが希薄化すると何を軸に「社会的な死」を認識したらいいのかわからない。いまの議論を聞いていると、やはり人間は「社会的な死」とどこかで向き合う必要があるのだと思いますね。

山田●死を社会的なものとしてとらえる際に重要なのは、集団としての意識ですね。父と母と子という家族だけの問題ではない。生きている私たちは、そんな小さな閉じた集団だけで暮らしているわけではありません。やはり個人も家族も超えた社会の一員として生きているという自覚のなかで、死に対して向き合う必要があると思います。

異質な他者と出会い、生きるために弔う

小西●日本の人間関係が希薄化していると言われる一方で、いまの若い世代のほうが家族が大好きだし、仲間を大事にするということもまた言われます。これはある種の揺り戻しがきているのではないかとも感じます。もちろん、それはかつてのような伝統的なコミュニティではないかもしれませんが、すくなくとも自分の身の回りのつながりを大事にするという思いが消えたわけではない。そうした傾向も踏まえて生と死の関係をみていく必要があると思っています。

山田●たしかに、若い世代で揺り戻しがきている印象はありますね。

小西●端的に言うと、現代の学生はスマートフォンを使うことで、たとえば私たちが高校生の時代よりもはるかに密にコミュニケーションしているように思います。自分が高校生のときは、友だちと連絡をとるには、その人の家に電話するしかありませんでした。コミュニケーションの密度をつながりと表現するのであれば、現代のほうがつながりが深いと言えます。

藤本●つながりはありますが、それは同質な者どうしで密につながっている印象があります。弔いということを考えた際には、基本的には年齢順に亡くなっていくことを考えれば、世代が違う人や生きた時代が違う人、違う人生経験をもつ人などとのつながりもないと、うまく回っていかないのかなと思います。

　議論を聞いていると、やはり我々は「生きていくために弔っている」のだという気がします。弔うことは後ろ向きではなく、じつは前向きな行為ではないかとも感じますね。

山田●しかし、「生きていくために弔う」と言っても、同世代のつなが

りしかなければ、他者の死を経験するにもいっせいに経験するので、それを活かす時間がない。やはり同世代だけでは無理ですね。異質な世代が入ったつながりがあることで、さまざまなことを経験できる。

藤本●たしかにそうですよね。

山田●ですから、先の世代の弔いを知ることが、自分たちが生きていくことにつながる。若い人たちのつながりは基本的に同世代で、希薄化しているのは異世代間のつながりだと言えるかもしれません。

小西●このシリーズの第１巻でも、比較文化学的な視点をもつことの意義の一つとして、「異質な他者と出会うこと」を挙げました[5]。そのときの他者のなかには、仲間内ではない人間や世代が異なる人、違う考えの人、異文化の人、さらに言えば死者も含まれるかもしれません。本来自分が暮らしていた世界では想定できなかった存在です。「なぜこの人たちはこんなことをするのか」と、自分がまったく知らなかったことに出会って魅了されたり、ショックを受けたりする。各地の弔いをみて異質な他者の経験を共有することが、生きるための弔いにつながると思います。

山田●個人的な経験ですが、親友が亡くなったときに、葬儀に駆けつけられなかったことがありました。そうすると、その人は私にとって永遠に死なないわけです。それは互いに離れて暮らしていたからよけいにそう感じたのですが、弔いの儀式というのは、「本当に亡くなった」という厳格な断絶を確認させるものだとも感じます。生きている者にとって「もう戻ってこない」ことを明確にする場となっていて、こうした別れの場を作ることは、人間が生きるために必要だと強く感じます。死装束というものも、普段とはまったく異なる衣装を着せて、生者とは違うことを葬儀の場で確認する意味もあると思います。

小西●たしかに葬儀には区切りをつけるという意味がありますね。先日インドに調査に行ったのですが、そのときはあるお寺のトップのお坊さんが亡くなってちょうど１年で、１周年の行事と、新しいトップが就任する儀礼とが１日おきにありました。１周年の行事は、参列者

---

5) 本シリーズ第１巻『比較でとらえる世界の諸相』45ページ参照。

が「今日で泣くのは最後だ」という気持ちで行われていたのですが、その行事の最後に、偶然大雨が降って虹が出たのです。虹はチベットでは大変な吉兆だと考えられています。それによって、「これで全部流れた。天も泣いたし、これで前の人に対する思いはおしまい。次は新たに就任する人へのお祝いの気持ちに切り替えよう」とみんなの気持ちが変わりました。

やはり生き続けないといけない残された者たちにとっては、次に歩き出すための行為が必要です。「生きるために弔う」というのは、その意味もある。個人としても社会としても、死による喪失をうまく処理するために、葬儀などの儀礼が必要なのだと思います。

多様な死生観をみることで死の悲しみを克服する

小西●最後に、比較文化学の視点で世界の死生観を学ぶことが、日本における死をめぐる問題の解決にどう貢献できるかを考えたいと思います。

自分の経験から言うと、異文化における死は、もっとも大きなカルチャー・ショックを引き起こすと感じています。異なる文化の死に対する考え方を知ることで受ける衝撃は計り知れません。私はチベットで遺体が「抜け殻」として淡々と扱われているようすをみたときに、理解のまったく及ばない衝撃を受けました。そこで初めて生きること、死ぬこと、また体とは何かについて真剣に考えるようになりました。全人類に共通して訪れる死に対してこれだけ多様な接し方があることを知れば、現代日本において失われつつある、「リアリティをもって死にアプローチすること」につながるのではないかと思います。

山田●やはり死は不可知な現象ですから、それぞれの社会における弔いというのは、それを意味づけて受け容れ、乗り越えるための営為だと考えられます。そうした手続き、作業がないと、死を受け容れられない。多様で複雑な儀式があるということは、それだけ死が受け容れ難いものだということを意味しているのではないでしょうか。だからこそ社会的に何とか説明づけをしてきたわけですね。その機能が現代の日本社会から失われたら、死を乗り越えて生きることは難しくなります。

　また、弔いの儀式・儀礼には、死による個人の悲しみや苦痛を社会で解消するという面もあります。大きな災害などによって多数の死者が出た際も、多様なかたちの弔いを通じてその悲しみや苦痛を社会的に引き受けることで、何とか乗り越えられるようになっていく。

小西●やはり死というのは、たとえどんな死であったとしても、たった一人で背負うにはあまりに重いと感じますね。

山田●そうですね。個人にとっては重すぎるわけです。ですから弔いは、その重荷を社会的に共有して乗り越えていくための装置として、これまで機能してきたのだと思います。

本康●死の悲しみや痛みをいかにやわらげるかについて、文化的なさまざまな手立てが積み重なってきて、宗教や儀式になっているわけですね。私の知人で、自動車の事故によって、奥さんとお母さん、娘さんたちを一度に亡くして一人残ってしまった方がいました。そういう方の悲しみをわずかでもやわらげるには、やはり何かの契機、装置が必要だと痛感しました。その意味で葬儀というのは意味があると思います。

山田●そうですね。葬儀で人が集まって話すだけでも、一つの支えになると思います。

本康●彼が葬式も何もせずに一人で家にいたら、もう生きていけないのではないかと思います。みんなで葬式をして分かち合ったり、供養してあげたり、他の人も悲しんでいることが支えになる。

小西●それぞれの宗教の死生観に基づく死後の世界を提示することで、「亡くなった人はどこで何をしているんだろう」といったことについて、気休めかもしれませんが、何らかの納得につながることもありえますね。

山田●死後の世界に死者がいてつながっていると感じられたら、残された人も一人ではないと思えるようになるかもしれませんね。

小西●死に直面したときに、たとえばキリスト教やイスラームでは死は喜ばしいことと考えられていることを知ったり、タイのムスリムでは毎週帰ってくると考えているという話を知ることによって、何かプラスになる可能性もあるかもしれないですね。

桑野●癌で亡くなった前の職場の同僚は熱心なクリスチャンで、本当にキリスト教を信じていることが生き方から伝わってくるような人でした。クリスチャンですから死後の世界や永遠の命というものを信じていて、自分の病気をしっかり受け止めて、最後まで教会に奉仕して帰天しました。彼の生き方をみていたら、お別れは悲しいことですが、死というものをそこまでネガティブにとらえなくなりましたね。

本康●やはり信仰がきちんとあると、ある種のゆとりをもって死を迎えられますよね。それほど慌てず、取り乱さずに。

小西●チベットでのフィールドワークで、死に際して淡々とはしていながら、それでもやはり動揺しているようすをみました。そのときに、私が撮っていたあるお坊さんの説法の動画をみせてほしいと言われてみせると、その家のお父さんが「ほら、お坊さんは普段からこういう話をしている。それを思い出して、みんな普段と同じように死を考えよう」と言って、それでみんな落ち着きを取り戻したということがありました[6]。やはり普段から死を考えていることで余裕が生まれる。それは人間のある種の知恵みたいなものだと思いますね。

山田●世界の各集団や社会が築いてきた死生観には、人びとが死について考え続けたなかで蓄積してきた死を乗り越える知恵が詰まっています。それを比較しつつ学ぶことは、人間関係が希薄になって死が遠ざかった日本社会を生きるうえで、大切なことだと思います。それは今後必ず訪れる身近な人の死、自らの死にあたって適切に対応し乗り越えるための知識を与えてくれると考えています。

6）詳細は149ページからの小西賢吾による論考を参照。

参考文献

一橋文哉（2015）『人を、殺してみたかった　名古屋大学女子学生・殺人事件の真相』東京：角川書店（角川文庫）

金沢における戦死者の「弔い」

招魂祭の空間の変遷と祝祭性に着目して

本康 宏史

死者の弔い方や供養の仕方には、それを営む集団や社会の価値観・死生観が反映する。死後いつの時点で、誰が参加して、どのような方法で家から送り出して遺体を葬るのか、その葬送文化は多様である。その一方で、世界各地の集団や社会に一定程度共通する点として、不慮の死・非業の死(=特別な死)を遂げた死者に対しては特別な弔い方・悼み方が存在することが知られている。日本の近現代史上における「特別な死」の一つとして、戦闘行為に従事するなかで死亡した戦死者が挙げられる❶。とくに第二次世界大戦においては多くの人々が、悲惨な戦闘のなかで尊い命を落とした。

1 戦死者を「弔う」方法としての招魂祭

戦死者の慰霊・追悼・顕彰をめぐる議論

戦死者の霊魂に対して「弔う」行為を営む場合、戦没者墓苑などでの慰霊祭のほか、しばしば靖国神社・護国神社における招魂祭が話題にのぼる❷。石川県でも金沢市出羽町の石川護國神社で、毎年春秋の例大祭に遺族や戦友が集い、「慰霊と追悼」の営みが行われてきた[本康 2002: 199]。本稿では、戦死者の「弔い」の具体例として、金沢における招魂祭の変遷を事例に若干の考察を試みたい。

戦死者(戦没者)の「慰霊」、「追悼」、さらには「顕彰」に関する研究については一定の蓄積があり、筆者もこの間、石川県の招魂社制度の地域的な変遷をとおして、民衆意識の形成(統制)に果たした役割を明らかにしてきた[本康 2002: 101–254]。近年の傾向としては、従来の宗教学をベースとした研究のみならず、歴史・社会・民俗・文化人類・政治学など、多様な方法による分析が試みられる点に特色がある[白川 2015]。加えて、東アジアや欧米各国の「慰霊」、「顕彰」を

---

❶「戦死者」は「戦時戦場において死んだ者」とされ、狭くは戦闘による死者をいう。戦場の範囲や戦死の要件には議論や変遷がある。一方、「戦没者」は「戦時戦場ほかで死んだ者」をいい、戦闘死・戦傷死および戦病死者の総称とされる。なお、戦場の範囲や傷病などの要件には議論や変遷があるが、いずれも戦災死没者一般とは区別される[本康 2005]。

❷「招魂」という行為は、後述するように、古く中国で人が死んだとき、屋上に上がって死者の魂を招きかえらせたことに由来する習俗とされる。その祭祀が「招魂祭」である。近代においては、国事受難者や戦死者の霊魂を招いて祭祀することとされ、明治維新以降、まず臨時的な斎場(招魂場)で行われ、やがてその場が靖国神社や各藩の「招魂社」としてしだいに整備されていった。各県の護国神社は、招魂社が国家(軍)の施設として再編されたものである。

めぐる現地調査や比較研究にも進展している［檜山 2009］。

こうしたなかで戦死者をめぐる慰霊・追悼・顕彰については、さまざまな議論が生まれてきた。この分野の研究史を詳細に整理した成果に、藤田誠大の「日本における慰霊・追悼・顕彰研究の現状と課題」があり、大いに参考になる［藤田 2008］。藤田によれば、最初に「慰霊」、「追悼」、「顕彰」の三者の概念を明確に位置付けて、本格的に論じたのは矢野敬一であるという。矢野は、宗教的な儀礼を扱う「慰霊」、世俗的な性格を色濃く帯びた「追悼」を両極として、その中間に宗教色・世俗性共に希薄な「顕彰」が位置すると概念化している［矢野 2006］。

一方、新谷尚紀・関沢まゆみ編『民俗小辞典　死と葬送』において新谷は、「慰霊」の概念を「死者の霊魂を慰め安息させようとする儀礼」とし、「慰霊に近い語に追悼があるが、両者の意味はまったく異なる」とした［新谷・関沢 2005］。なぜなら「追悼」は、通常死・異常死の両者に該当する語であるものの、「慰霊」は、戦死・事故死など、異常死の範疇に属するからだという。また、別稿でも新谷は、死者を神に祀り上げる信仰・習俗・霊魂観念を有する日本語文化圏の言語と、それらを有しない英語文化圏の言語とを「安易に翻訳して厳密で重要な意味内容の相違をあいまい化」してはならないとも指摘している［新谷 2005］。

一方、同じ『民俗小辞典 死と葬送』の別項目において西村明は、「追悼は霊魂観を前提にせず、無宗教的な形式であるとする見解もある」としつつ、両者が「明確に区別されない場合も多い」と指摘している。いずれにせよ、「弔い」の概念をめぐっては多様な議論があることが分かる。以下では、「弔い」の形式の事例として「招魂祭」を取りあげ、その比較文化史的な特色を考察してみたい。

招魂祭・招魂社の誕生と変遷──明治維新期の錯綜のなかで

我が国の招魂祭・招魂社の創設過程については、制度的には1869（明治2）年6月、東京九段坂上に東京招魂社が設立され、鳥羽伏見戦争から函館戦争に至るまでの戦没者を合祀したことが、その画期とされる[3]。そしてこの東京招魂社が整備される過程で、廃藩置県によって管理主体である藩がなくなったために

---

❸ 29日から5日間招魂祭が執行され、官軍の戦死者を中心に祀られた。合祀者は3,588柱。一方、各藩では戊辰戦役に至る殉難者に対して独自の招魂場を設けて慰霊した。これが各県の招魂社に発展するケースも少なくなかった。

各地で荒廃しつつあった地方の招魂場や墳墓を、官費で維持管理していく方針(明治7年2月15日付「内務省通達」)が打ち出された。これが「国家の神社」としての招魂社制度の始まりであった[小林・照沼 1969；村上 1974]。なお、この過程においても、墳墓に付属した施設(霊社・社祠)を設けるもの、神社祭祀に重点を置くものなど、各藩の事情によってさまざまな形態があり、官費を支出するに際して統一基準が示された。つまり、創設期の招魂施設(招魂台・招魂場・顕忠祠・顕忠廟・顕忠社・招魂社など)ならびにそこでの祭祀は、明治維新期の錯綜した政治・思想状況のなかで、かなり複雑な性格を帯びていたものと想像されるのである。

なお、招魂社に関して、「各地の招魂社と東京招魂社(のちの靖国神社)の違いは、前者が、慰霊の墳墓(引用者注：戦没者墓碑の周辺を招魂場とするケースや霊社に発する招魂の社祠など)に重点を置くのに対して、後者は神社祭祀に重点を置くという点に認められる」との理解もある[千田 2002：101]。こうした理解自体に検討の余地はあるものの、東京招魂社の創設は、やはり画期的なものであったといえよう。

2 招魂思想の流入と受容、展開の系譜

東アジアの招魂思想と靖国神社における合祀

ところで、そもそも「招魂」とはなにか。その意味を東アジアの視点を含めて確認しておきたい。「招魂」という用語は、語義的には古く中国で人が死んだとき、屋上に上がって死者の魂を招きかえらせたことに由来し、「死者の霊を招いて祀ること」と解されている[小林・照沼 1969]。その祭祀である「招魂祭」に関しては、室松岩雄『神祇雑祭式講義』が、「之を〈たまよばい〉の祭りとも云い、時を限りて行はれし事もあれば、事変に臨みて行ふ場合もあり、また時としては重病に瀕したさいに行ひ、或は死後に其人を蘇生せしむ急に行ふ事もあった」としつつ、日本の社会に伝統的な習俗であったことを指摘している。これが近代日本への転換期において「国事受難者や戦没者の霊魂を招き、これを親しく弔慰する祭儀」と限定され、「霊祭」、「弔祭」、「弔慰祭」と記して、幕末期から盛んになってきたと藤井貞文が指摘している❹。

❹藤井貞文（1944）『近世に於ける神祇思想』春秋社においての記述として、室松前掲書とともに[大原 1984：57]より再引用。

その際、中国の南宋時代の末ごろに宰相を務めた人物である文天祥の「正気歌」を、幕末の「招魂」思想の有力なルーツとする説がある。「正気歌」とは、文天祥が自らの宋への忠節を貫いて死ぬ覚悟を詠った詩である。朱子学の世界観に基づいて、天地の「正気（せいき）」という大きな力が艱難時の英雄たちの行為としてあらわれることを多くの事例を列記して述べたものだという［小島 2018：152］。小島毅によれば、この「正気歌」は江戸時代後期にとくに武士階級に広く読まれ、模倣作も多く作られたという。その背景として、西洋の脅威を感じた人々が救国を志し、自らを文天祥の身に重ねて陶酔していたことが挙げられる。そうした「正気」があるなかで、水戸の国学者である藤田東湖の著述に「英霊」という語が使われ、この用語が靖国神社祭神の呼称の語源と認定されているのである［小島 2018：152］。

一方で、「招魂」という行為は中世以来の「御霊信仰」に基づくと解釈される場合もある。これはのちに国家神道の建前からは否定されるものの、幕末維新期においては人々の意識の中に十分浸透していたものと推測される。民衆レベルでは、日本人の霊魂観にみられる「『死霊』や『御霊』は忌むべき『穢れ』」という意識も共通認識としてあった。この場合、33年、あるいは50年の年忌を勤めることによって、死者（とくに異常死者）の「死穢」は消失するととらえられてきた。

そもそも「招魂」という言葉は、読んで字の通り、「魂を招く」ものである。霊的な力を現世に呼び起こすことで、何らかの作用を期待するものであった。こうした霊観念自体は、東アジアに古くから存在している。例えば北東、いわゆる艮（うしとら）は鬼門にあたり、城下町では鬼門に死者を埋めて一種の結界を作り、町中に禍が入らないようにしたという。結界は死者の魂の霊力によって守られるという考え方である。

また、豊作を祈願するために山の神（田の神）を招いて、秋に山に帰ってもらうという風習も、能登の「あえのこと」[5]をはじめ全国に多くの事例がみられる。神は強大な力を有しているために、豊穣の季節が過ぎればその強大な力を持て余し、人々に害悪を与えてしまう[6]。いわば一つの神のなかに善悪両方の性格が存在しており、私見では、ゾロアスター教のような善悪の神が区別される神思

[5] 本シリーズ第3巻『祭りから読み解く世界』50～51ページ参照。

[6] 大きな力があり、物事に対して激しく活動する神霊のことを「荒魂」という。

想とは異なるものと思われる。

招魂祭祀の霊魂も基本的にはこれらと同じで、違いは、祀られる魂が戦死者であった点である。「英霊」と呼ばれたこの魂は、「命(みこと)」号を付され、招魂社(靖国神社)に合祀されてきた。合祀は天皇の命令に基づいて行われ、基本的に戦死者だけを祀ることになっている。さきの議論に基づけば、靖国神社に戦死者の霊(荒魂)をとどめておくことによって、これら英霊がこの国と天皇を守る「干城」❼となるのである。

「靖国の思想」と民俗学・宗教学の見解

こうした招魂思想の系譜を踏まえて民俗学分野では、「戦争のフォークロア」とでもいうべきアプローチ、すなわち、戦時下の民衆生活や民衆意識が民俗研究の対象として関心を集めてきた[岩田 1993; 田中丸 2002; 高見2002]。その内容は多岐にわたるものの、なかでも論争を含む中心的な議論に、戦死者は「先祖として祀られるべき」であると主張した、柳田國男の「祖霊論」(『先祖の話』ほか)に対する評価がある。この大きな問題について説得的な私見を示すことはなかなか難しいが、以下、民俗学の議論をふまえつつ若干言及しておきたい。

学説史によれば、柳田は、戦死者霊魂に思いを馳せ、『先祖の話』を書き上げたとされる[桜井 1987]。同書の最終節には、「国の為に戦つて死んだ若人だけは、何としても之を仏徒の謂ふ無縁ぼとけの列に、疎外して置くわけには行くまいと思ふ。勿論国と府県とには晴の祭場があり、霊の鎮まるべき処は設けられてあるが、一方には家々の骨肉相依るの情は無視することが出来ない」と書かれている。この記述は、岩田重則が指摘するように、柳田が、戦死者は「国と府県」の「晴の祭場」、つまり靖国神社と護国神社によって「英霊」としてまつられるのではなく、「家々の骨肉相依るの情」によって祀られるべきであると主張していたものととらえられている[岩田 1993]❽。この点、柳田の靖国祭祀との距離感を確認しておきたい。

---

❼ 国や君主を守る軍人や武士。「干」は盾のこと。

❽ 桜井徳太郎などは「戦死者の亡霊は、ことごとく怨霊となって崇りを及ぼす」として、民俗学の立場から、招魂儀礼における「民間怨霊思想・御霊信仰の根強い存在を肯定しなければならない」と指摘している[桜井 1987]。

なお、先にもみたように、こうした「慰霊」と「追悼」の概念規定に関しては宗教学でもさまざまな議論があるが、ここでは踏み込まない。一例を挙げれば、さきの西村明などは、「慰霊」のメカニズムを総体的に理解するために、「シズメ」と「フルイ」の二つの概念を設定し（「シズメ」は生者と死者との儀礼的「分離」、「切断」を示し、「フルイ」は両者の「接合」、「継承」の概念とする）、「戦争死者」の慰霊が有する「フルイ」と「シズメ」の両面性を分析の着眼点としている。「慰霊」のメカニズムを浮き彫りにした興味深い仮説と言えよう［西村 2006］。

3 金沢の招魂祭――三つの弔い空間の創設と変容

卯辰山の招魂祭――民衆の宗教空間での弔い

招魂祭の「斎場」については、招魂社・忠霊祠等の常設の祭祀施設、営庭・練兵場など公有地の祭場、忠魂碑の前など、さまざまなタイプがある。また、招魂祭の祭式は、時代や地域によってもちろん異なるが、大概の次第は表1のような流れとなる。こうした祭式が行われた後、銃剣術、撃剣術、柔道、剣舞、角力、奉納踊などが行われる。

石川県における招魂祭は、金沢城下の郊外、卯辰山の一角を招魂祭場とした

表1　招魂祭の式次第の例

着席	斎主以下参加者一同が入場、着席する
修祓	お祓いをして清める
降神	霊を天から招き降ろす
献饌	お供えを捧げる
斎主祭文	主催者である斎主が祭祀の主旨を祝詞で告げる
来賓拝辞	来賓の参拝と挨拶
玉串拝礼	斎主および参加者が玉串を捧げて参拝
撤饌	お供えを下げる
昇神	霊を天に戻す
仏祭	仏教の儀式による慰霊
退場	参加者が退場する
折詰分配	参加者に折り詰めが配られる

＊例として大正6年5月13日長崎梅ケ崎招魂社において行われた招魂祭の記録を、福田［1918: 324－325］より抜粋した。

▲写真1 卯辰山招魂社本殿址〈左〉 ◀写真2 社本殿址石碑〈右〉
かつてはいくつかの建物があったが、現在は本殿の石碑のみが残る。周辺には戊辰戦争の際の加賀藩の戦死者の慰霊碑が建立されている〈金沢市卯辰山中腹〉

ことから始まった。1868（明治元）年10月10日、藩主の前田慶寧は、北越戦争[9]で戦死した加賀藩の将士を祀るため、城下近郊の卯辰山で招魂祭を営むことを命じ、これをうけて11月2日に開催された。その後、招魂社の社殿が、同じ卯辰山中腹の通称鳶ケ峰とよばれる地に建設される。創設にあたっては、やはり旧藩主の慶寧と側近の発案・対応が契機となったようである[10]。

1870（明治3）年12月には、招魂祭礼用の新社殿が造営され、旧藩主慶寧揮毫の「顕忠」額にちなんで「顕忠祠」あるいは「顕忠廟」と称されるようになる［日置 1928: 1008-1009］[11]。この「祠」、「廟」が招魂「社」に列せられて卯辰招魂社となったのは、1875年4月のことであった。同年8月の太政官達によって全国の招魂社は国家の管理に移されて官祭招魂社となり、1877年には各地の招魂社を登録する「招魂社明細帳」が作成されている。その後、この官祭招魂社は1913（大正2）年の内務省令第6号によって「靖国神社祭祀の全神霊を其社に合祀し得」と規定され、その国家管理がしだいに強化されるのである。

ちなみに、卯辰招魂社が山王社（＝御霊信仰）を境内に併置したのも、国家管理

---

[9] 戊辰戦争における北陸・越後方面での戦い。加賀藩は長岡～会津の攻略戦に動員され、100余名の戦死者を出した。

[10] 森田平次による『続々漸得雑記』（石川県立図書館所蔵、森田文庫所収）にある「於卯辰山戦死人霊祭被仰付一件」という文書より。

[11] 金沢の招魂社に関しては、石川県招魂社奉賛会［1938］が初めての公式の記録である。同書は昭和期の遷移経過に詳しいが、前史として卯辰山の招魂祭・招魂社にもふれている。

強化の流れとなんらかの関係があったのかもしれない。あるいは、これ以前の民間信仰とされる庚申の鬼神が祟りやすい神であることも、「御霊信仰」との関連をうかがわせるものであろう（卯辰山の庚申塚は、山頂近くにあった）。いずれにせよ、卯辰山は「弔い」をめぐる濃密な宗教空間として金沢の民衆に認識され、人々の心的世界を規定する役割を担っていたとも考えられる。そして、そのイメージに覆いかぶさるように招魂社が創設されたのではないだろうか。

兼六園の招魂祭──旧城下の中心での祝祭的な慰霊

金沢の招魂祭は、明治初年以降、旧城下の里山・卯辰山の招魂社（＝都市の周辺）で例年催されることになるのだが、明治後半になると旧城郭に附属した庭園・兼六園（＝都市の中心）で開催されていたことが近年、確認された⓬。例えば、日清

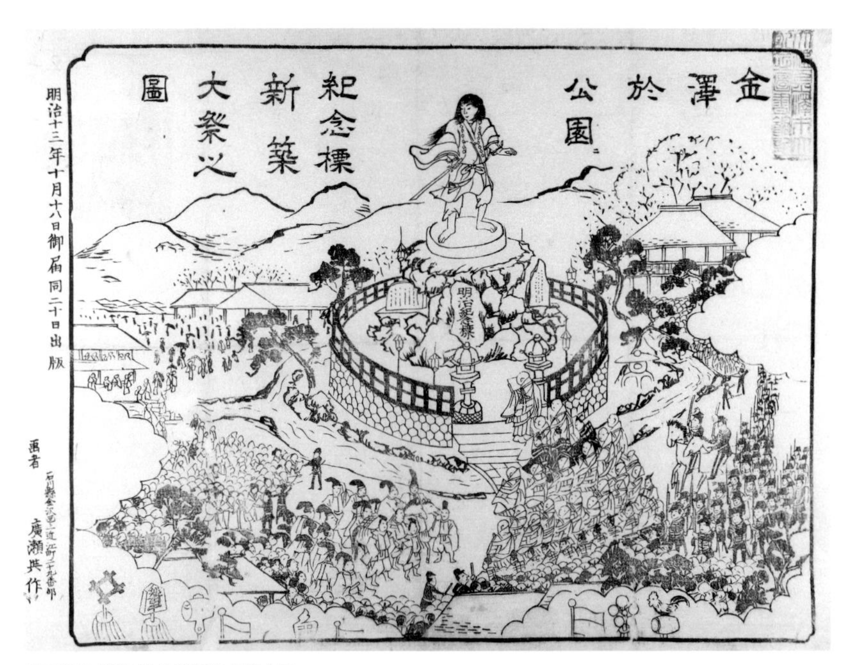

▲写真3 明治紀念標新築大祭之図
日本武尊銅像の創建に際しては、1880（明治13）年10月、浄土真宗大谷派の法嗣大谷光尊をはじめとする各宗派の僧侶や神職が霊を弔い、盛大な完成供養が６日間続けられた。明治20年代以降には、この銅像前の広場で招魂祭が開催されるようになる〈金沢市立玉川図書館所蔵〉

⓬当時の兼六園は、正式には「兼六公園」と呼ばれ、都市公園・中央公園の役割を果たしていた。

表2　新聞にみる明治20年以降の招魂祭の賑わい

1887（明治20）年5月「戦死者慰霊招魂祭」
兼六公園内の招魂祭が始まった。午前9時ごろには入りきれない人も多かった。9時40分、練兵場から上がった烽火が再び上り祭式が終わると、東西新地の（芸妓の）手踊りが始まり、練兵場では相撲が始まりたいへんな賑わいとなった*1
1890（明治23）年6月「招魂祭の景況」
金沢兼六公園における招魂祭が始まったが、ちょうど米価高騰し貧民餓死に瀕せんとする柄にもかかわらない人出となった。午前10時に祭式が終ると遊戯、餅投げ、角力、競馬、撃剣などが賑やかに行われ、公園内も終日にぎわった。貧民の飢餓状態はどこにあるのかと思われるほどであった*2
1926（大正15）年10月「出羽町練兵場に一万人」
午前9時より出羽町練兵場内祭場に於いて、昇神式、余興として午後1時から奉納撃剣、銃槍。（午後）5時30分から邦楽の奉納演奏。（午前）10時から野村練兵場で競馬。市中の人出、人気を呼ぶ手踊。 第1日　午後物売りの声、手踊、相撲、競馬、ゴッタ返し、遠く鹿島郡御祖村からの獅子舞（以下略）*3

*1『中越新聞』明治20年5月6日付、「　」内はタイトル。カタカナをひらがなになおし、一部文章も簡略化した。

*2『富山日報』明治23年6月13日付。

*3『北国新聞』大正15年10月19日付。明治・大正期の招魂祭は2日以上の場合が普通で、例えば明治28年の招魂祭は4日間開催されている。

戦争終結の翌年、1896（明治29）年7月18日付の『北国新聞』には、「兼六公園内明治紀念標前に、其招魂祭を挙行」という記事がみえる。ここからは、日清戦争後の招魂祭が園内の「明治紀念標」の前で開催されたことが確認できる。これよりさき、明治20年代半ば頃から、金沢の招魂祭は、卯辰山の招魂社とは別に旧城下の都心に位置する兼六園内や出羽町の練兵場で、大勢の民衆を集めて賑やかに開催されるようになったらしく、その賑わいは、当時の新聞記事からもうかがうことができる（表2）。

なお、招魂祭という「神道的」な慰霊儀式が多くの市民・県民の前でも開催されるようになると、僧侶の参加した法要なども同時に（多くは二日に分けて）行われるようになり、仏教的な儀式と神道的な儀式とが並行して開催されるようになった点にも注目しておきたい。

このように、明治後期から大正期にかけての金沢の招魂祭は、草創期の卯辰山麓での儀礼的な様相に比べて、きわめて祝祭的な要素を強めている点が特色といえよう。さらに、祭典の規模（とりわけ参加人数）に呼応して、招魂祭の祭事場

▲写真4　現在の明治紀念之標
中央の日本武尊像は現在では、兼六園内の「シンボル」のひとつとなっている

所も「兼六公園」や「出羽町練兵場」などの市内中心部で開催され、一部にコンパクトな儀礼が残るものの、卯辰招魂社の「慰霊空間」としての役割は、事実上失われてしまったかにみえる。

出羽町練兵場の招魂社── 民衆へのインパクトを重要視

金沢の招魂祭の祭事場が当初の卯辰山の招魂社から兼六園に移った理由は、まずは、里山とはいえ歩いて登るには不便で、招魂社の境内も狭く、式典を行うのが困難であると認識されたからであった［石川県招魂社奉賛会［編］1938：5］。このため1935（昭和10）年には、現在の石川護國神社の辺り、旧陸軍出羽町練兵場の一角に遷座することになる。移遷にあたっては、石川県・第九師団・県下市町村その他有志によって奉賛会が組織されて、2年半の歳月を費やし境内地を造成し、多額の建設費を投じて本殿以下社殿及び工作物が造営された［石川県招魂社奉賛会［編］1938］。その後1939（昭和14）年には「石川護國神社」と改称され、多くの参拝者を得ることになる。

▲写真5 石川護國神社の大鳥居
石川護國神社は1935（昭和10）年、出羽町練兵場の敷地に移遷、建立された。大鳥居の向こうにみえるのは「大東亜聖戦大碑」

▲写真6 石川護國神社の拝殿
現在では子どもの七五三参りや神前式を営む人々、さらには観光客などで賑わう

移遷の背景が、必ずしも「狭隘にして不便」なだけでなかった点も含め、この間の詳細な経緯については、拙著で検証したのでここでは省略するが［本康 2002］、簡単に言えば、どのようなインパクト（規模と民衆へのアピール）で招魂祭が執行されるのかが、きわめて重要だったといえよう。

このことは、ひとり金沢だけの事情のみならず、全国各地の招魂祭にもみられた傾向であった。詳細は省くが、明治後期から大正期にかけての招魂祭は、草創期の儀礼的な様相に比べて、祝祭的な要素を強めている点がうかがえる。とくに東京の靖国神社では、「アミューズメントパーク」とも称される様相が現出していたと坪内祐三は強調している［坪内 1999］。さらに、こうした事態（とりわけ参加人数の増加）に呼応して、招魂祭の祭事場所も（「兼六公園」や「出羽町練兵場」などの）市内中心部の広場で開催され、一部、遺族や駐留部隊のための儀礼的なものは残るものの、幕末維新期に多く創設された（卯辰山など）里山型の招魂社の「慰霊空間」としての役割が、事実上失われてしまうのである。

この間の経緯を簡単に整理すると、①明治元年時点での卯辰山招魂祭の性格、儀礼的な近世の要素（藩意識／藩主と藩士の主従関係／戊辰戦争の辛酸／祖霊信仰など）と②兼六公園での祝祭的・国家的、いわば近代的な要素（国民国家の理念／維新政権と中央集権・官僚制／護国観念／招魂思想など）とが、微妙に交錯する段階ではなかったかと思われる（儀礼・祝祭の概念については次節で検討する）。

4「弔い」の比較文化史の可能性──祝祭化をめぐって

明治元年、金沢最初の招魂祭からは、戦死者・殉難者に対する藩・県や藩士・遺族の慰霊（慰撫）祭祀（儀式）の色彩が濃い印象を受ける。これに関連して、民俗学で議論されている招魂祭の「祝祭」性に関する問題について、兼六公園での「祝祭」性と整理するためにも、若干付言しておきたい。卯辰山における草創期の招魂祭に、一定の賑わいや「【音楽並乙女之舞】御聴聞等有之」、「親類江は霊前に備有之【紅白之鏡餅】一重充被下之」（「御用方手留」明治元年11月2日条の招魂祭次第から引用）という「祝祭」的な要素があったことは確かである［廣瀬 1968ab］。

しかし、兼六公園での招魂祭の様相を概観して、民俗学者たちが（明治後半以降の）招魂祭の「祝祭」化という表現を用いたのは、1980～90年代に「都市民俗学」

を提唱していた宮田登や、文化人類学における山口昌男・中村雄二郎の「祝祭」論を意識したためである。ここでいう「祝祭」とは、「社会の演劇化、演劇の街頭化と言ってもいいもの」、「まさに日常世界の真面目・労働・有効性（能率）といった諸原理が転倒され、混沌とエネルギーにみちた非日常的な世界が現出する」ものと規定できる［中村 1984：10］。この空間は、「祝祭」、「祭典」、「カーニバル」的な要素の「仕掛け」であるとされ、拙論もそうした顰（ひそ）みにならって、「祝祭」的空間として兼六公園での招魂祭や慰霊祭を性格づけた。

その場合、草創期の卯辰山での招魂祭が、慰霊／儀式空間としての色彩が濃いと感じられるのに対し、明治20年代以降の兼六園や出羽町での招魂祭は、数千から数万の民衆を集め、「烽火、造りもの、電飾や丸提灯」で飾られた会場で、「相撲、遊戯、餅投げ、競馬、撃剣、芸妓の手踊り」などが大賑わいとなる状況であったことは確認したとおりである。とくに、日清・日露戦争の戦勝の時期には、招魂祭にも戦勝祝賀祭的な傾向がみられるし、1889（明治22）年の「明治紀念標」建立十年記念祭では、大桜（旭桜）に電飾を施して「巨象の造り物」に見立て、これを群衆が楽しんだとされている。まさにこれらの情景は、山口や中村らの示す「祝祭」空間を髣髴とさせる事例ではないだろうか。

ただし、こうした光景は、昭和期に入るとしだいに厳粛な儀式を強調する静的（非「祝祭」的）なものになり、その後の総力戦段階、太平洋戦争による戦死者の増加とともに、国家に対する「顕彰」的な傾向が濃厚になっていく［本康 2002：101−254］。一つの地域の招魂祭が、時代の変遷によって大きく容態を変えていったことが分かる。

そうした変遷のなかで、明治20年代以降には、①兼六園での招魂祭と、②（もう一つの）卯辰山の招魂祭が「並存」していた時期もあった。さきにふれたように、この時期の招魂祭は、兼六公園の大規模な招魂祭だけではなく、（同じ年度内に）卯辰山の招魂社でも、小規模ながら遺族・部隊を中心として、市内の学生・生徒も参拝する招魂祭が開催され続けている。両者の関係は、当時の新聞記事などの印象からは、前者の「顕彰」（大規模・祝祭）的性格に比べ、後者の「慰霊」（小規模・儀礼）的性格がうかがえる。この点に関しては、兼六園・卯辰山の招魂祭併催の経緯の整理をしたうえで、両者の性格と意義を改めて検討する必要があると思われる。

明治維新期に各地に創設された里山型の招魂社における招魂祭は、1869年の東京招魂社の創設と戦死者合祀を画期として、徐々に変化していく。本稿で取り上げた金沢における事例と同様の展開は、日本各地でみられたものである。こうした事例に着目し、「祝祭性」の増減という視角から各地の変遷の様相を比較してその特徴を明らかにすることは、近代国家としての日本の形成期において国家的「弔い」が果たした役割を考えることにつながる。個人や家庭における「弔い」だけではなく、集団として、社会として、国家としての「弔い」に着目することも、自文化・他文化をより深く理解し、他者を尊重する態度・姿勢を養う比較文化学において、大きな可能性・有用性のある一分野だと考える。

参考・参照文献

石川県招魂社奉賛会［編］(1938)『官祭招魂社造営誌』非売品。

岩田重則(1993)「戦死者霊魂のゆくえ」『民具マンスリー』第26巻9号、pp.14-20。

大原康男(1984)『忠魂碑の研究』東京：暁書房。

小島毅(2018)『志士から英霊へ──尊皇思想と中華思想』東京：晶文社。

小林健三・照沼好文(1969)『招魂社成立史の研究』国学研究叢書第1編、東京：錦正社。

小松和彦(2002)「誰が『たましい』を管理できるのか──人を神に祀る習俗再考」所収『神なき時代の民俗学』東京：せりか書房、p.117-159。

桜井徳太郎(1987)「明治百年と靖国神社──日本における御霊信仰の系譜」所収『祭りと信仰』東京：講談社(講談社学術文庫)、pp.302-308。

新谷尚紀(2005)「追悼と慰霊── memorialを慰霊と翻訳してはならない」『本郷』60、東京：吉川弘文館、pp.29-31。

新谷尚紀・関沢まゆみ(2005)［編］『民俗小事辞典 死と葬送』東京：吉川弘文館。

白川哲夫(2015)『「戦没者慰霊」と近代日本──殉難者と護国神社の成立史』東京:勉誠出版。

千田智子(2002)『森と建築の空間史──南方熊楠と近代日本』東京：東信堂。

高見寛孝(2002)「『先祖の話』のもうひとつの読み方」『國學院大學 日本文化研究所紀要』第90輯、pp.15-55。

田中丸勝彦［著］、重信幸彦、福間裕爾［編］(2002)『さまよえる英霊たち──国のみたま、家のほとけ』東京：柏書房。

坪内祐三 (1999)『靖国』東京：新潮社。

中村雄二郎 (1984)『術語集——気になることば』東京：岩波書店 (岩波新書)。

西村明 (2006)『戦後日本と戦争死者慰霊——シズメとフルイのダイナミズム』東京：有志舎。

日置謙 (1928)『石川県史』第２巻、石川県。

檜山幸夫 (2009)「日本及び世界の戦争紀念碑と戦歿者墓」所収『世界の戦争記録と戦歿者慰霊』(科学研究助成報告書Ⅰ) 名古屋：中京大学。

廣瀬誠 (1968a)「明治初年の戦死者祭祀と加賀藩」『富山史壇』41号、富山：越中史壇会、pp.8-16。

——— (1968b)「戦死者祭祀に関する補記」『富山史壇』42号、富山：越中史壇会、pp.28-35。

福田忠昭 (1918)『振遠隊附箱館出征始末』私家版。

藤田誠大 (2008)「日本における慰霊・追悼・顕彰研究の現状と課題」國學院大學研究開発推進センター［編］『慰霊と顕彰の間——近現代日本の戦死者観をめぐって』東京：錦正社、pp.3-34。

村上重良 (1974)『慰霊と招魂——靖国の思想』東京：岩波書店 (岩波新書)。

本康宏史 (2002)『軍都の慰霊空間——国民統合と戦死者たち』東京：吉川弘文館。

———— (2005)「戦死者」「戦没者」新谷尚之・関沢まゆみ編『民俗学辞典　死と葬送』東京：吉川弘文館、p.22、307-308.

柳田國男 (1998)『先祖の話』(柳田國男全集第15巻) 東京：筑摩書房。

矢野敬一 (2006)『慰霊・追悼・顕彰の近代』東京：吉川弘文館。

「あの世」が照らし出す「この世」

弔いの比較文化からみえるもの

小西 賢吾

1 ヒト固有の社会的営み「弔い」の比較——死と向き合う第一歩

現在地球上にみられる生物種はすべて、数十億年にわたり生と死を繰り返しながら進化してきた。ヒトもまた生物種の一つである以上、個々の生物としてのヒトは必ず死を迎える。ホモ・サピエンスとしての人類は、その点で他の生物種と何ら変わるところがない。その一方で、われわれ人類が他の生物種と異なる点として、「生」と「死」や「いのちとは何か」について様々な思想を蓄積し、地域や民族、宗教ごとに独自の伝統を継承してきたことが挙げられる。中でも弔いをめぐる思想と技法は、個人と社会双方に大きな喪失感をもたらす死に適切に対処し、日常の暮らしを維持するために不可欠なものである。

死や弔いについて語ったり、考えたり、体験したりすると、縁起がわるいと感じたり、厳粛な気持ちになったりする読者もいることだろう。こうした反応は、わたしたちの身体とこころが文化の強い影響を受けていることを物語っている。これまで本シリーズ「比較文化学への誘い」でとりあげてきたように、文化は人間の暮らしのあらゆる面に関わっている。弔いをめぐる文化も例外ではない。たとえば、わたしたちの暮らしに不可欠な食や装いに着目して葬儀の様子を思い起こせば、弔いのための食べ物や衣装があることがわかる。どのような土地に生まれ、どのような生き方をしようとも、身近な人びとの死、そして自分自身の死から逃れることはできない。一見とっつきにくい「弔いの比較文化」は、実はもっとも万人に開かれたテーマなのである。

ところで、「弔い」とはいったい何だろうか。『精選版日本国語大辞典』の「とむらう」の項には「①人の死をいたみ、その喪にある人を慰める、②死者の霊を慰め冥福を祈る」とある。ここからは、「弔い」が死者に向けられるものと、残された人びとに向けられるものという二つの側面をもっていることが読み取れる。前者には、(1)身体が活動を停止した後、遺体をどのように処理するか、そして(2)死後どこへいくのか、(3)再生はあるのかといった論点が含まれている。また後者は、(1)死によってもたらされた衝撃をまわりの人びとがどのように受け入れて日常生活を取り戻すか、また(2)死をどのように記憶し、思い起こすのか、(3)それが社会にとってどのような意味をもつのかという論点を含んでいる。

医療人類学の視点から死について論じた文化人類学者の波平恵美子は、死を

「生物学的な死」と「社会的な死」とに分け、その間に死体の処理、すなわち日本の場合では通夜から葬儀、納骨にいたる様々な儀礼を位置づけている❶。周囲の人が「この人は死んだ」と考え、認めるのは、二つの死が成立してからのことである［波平 2011: 196］。弔いは死体の処理とその後のケアを含む長いプロセスであり、社会的な死と密接に関連している。生物としてのヒトは、死後に身体が失われると具体的なモノとしては存在しなくなる。しかし、社会のつながりの中では、死者は確かに存在するものとして捉えられ、適切に扱うことが求められる❷。弔いとは、きわめて社会的な営みなのである。

だからこそ、弔いは社会情勢を如実に反映する。弔いを支えてきた家族や地域のつながり、文化ごとの死生観は、都市化やグローバル化の中で急速に変容しつつある。現代日本に暮らしていると、日常的に死を目にすることは少ない。そうした状況の背景の一つとして、死と弔いをめぐる一連のプロセスが、医療現場や葬儀業者によって担われ、一般の人びとから隔絶されていることが挙げられる。その一方で、多くのいのちを一瞬で奪う災害や紛争はいつどこで起こるかわからない。こうした時代において、われわれはどのように死と向き合えばいいのだろうか。多様な文化における弔いのあり方を知り比較することは、そのことを考えるための第一歩である。

2 死後もいのちは続くのか――チベットの輪廻思想と死者供養

死んだらどうなるのか。死後の世界はあるのか。生まれ変わりはあるのか。こうした問いに、万人が納得する答えを出すことは難しい。いわゆる臨死体験を通じて死後の世界をみたとする事例は多く報告されている❸が、それが何ら

---

❶ 医療人類学は1970年代から発展した文化人類学の一分野で、健康や病気という概念の多様性に着目して地域固有の身体観や治療法を明らかにするとともに、それが西洋近代医療とどのような関係にあるのかを考察する。

❷ たとえば日本の法律では、医師による死亡診断書とセットになった死亡届を自治体に提出することで、火葬許可証が交付される。この過程をへずに遺体を処理すると罪に問われる。弔いをめぐる制度は、社会の基盤の一部として位置づけられているのである。

❸ 臨死体験に関する書物は多数出版されているが、宗教学や心理学の知見に基づいて当事者の経験を分析した代表的な研究としてベッカー［1992］がある。

かの真実を反映しているのか、脳や身体のはたらきに過ぎないのか、明確な結論は出ていない。ヒトの身体は他の動物同様、死とともに活動を停止し、その後は朽ち果てる。しかし、それですべてが終わりだと考える者は多くはない。死後のゆくえについて人間が作り上げてきた豊かな世界に分け入ることから、弔いについての比較文化的考察をはじめてみよう。

古代インドで発展した輪廻の思想は、その後仏教に受け継がれ、仏教が伝播したアジアにおける死生観に大きな影響を与えた。それによると、生きとし生けるものはすべて死と再生を繰り返し、生前の業、すなわち善行と悪行の蓄積の度合いによって、天、人間、修羅、畜生、餓鬼、地獄の六つの世界（写真1）のどこかに生まれ変わり続ける。これが輪廻である。生と死とのあいだには「中有」や「中陰」と呼ばれる最大49日間の期間があり、この間に次にどこに生まれるかが決定される。日本仏教の弔いにおける49日の法要はこれに由来している。仏教が目指す究極の目的は、「さとりを得て輪廻から抜け出す（解脱する）こと」であり、これがいわゆる「成仏する」ということになる❹。

様々な文化の弔いを比較するにあたって注意する必要があるのが、上述したような宗教の教義に基づく死生観と、それぞれの地域や民族で受け継がれた固有の死生観とがしばしば混ざり合っていることである。たとえば日本のお盆は、1年に1度帰ってくる「ご先祖様」を迎える行事であるが、もし輪廻のルールを厳格に適用すれば、死者はすでに転生しており、帰ってくる何者かは存在しないことになる❺。また、死生観はしばしば遺体の扱いにも影響を与える。もし魂があるとして、それが抜け出した肉体は抜け殻に過ぎないのか、それともまだ「その人」であるのか。日本の場合では、あとで紹介する事例のように後者の考え方が多いようである。

こうした点に着目しながら、筆者がフィールドワークで目にしたチベットの

---

❹本書39ページからの山田孝子による論考も参照。

❺日本のお盆は、本来旧暦7月15日前後に行われたもので、現在では7月13～15日ごろ行う地域と8月13～15日ごろ行う地域とにわかれる。釈迦の弟子である目連が母親を供養したエピソードを説く『盂蘭盆経』をもととして、祖霊供養と施餓鬼（餓鬼への施し）が接合して発展した儀礼。『盂蘭盆経』はインドに原典が存在せず、東アジアの祖先崇拝の特徴を色濃く反映した経典であるとされている。一方で、インド初期仏教の『餓鬼事経』に『盂蘭盆経』と共通する要素が含まれることが指摘されている［藤本 2016］。

▲写真1　チベットの僧院に掲げられた六道輪廻図
チベットの僧院では、人の目に触れやすい本堂の入り口に六道輪廻図が掲げられていることが多い〈中国四川省松潘県〉

弔いについてみていこう。チベットでは、輪廻の思想が死生観に深く根ざしている。死は一つの生の終わりに過ぎず、チベット語でバルドと呼ばれる49日間をへて再生につながる一歩である。だからこそ人びとは来世の幸福を願い善行を積む。僧侶や行者が死者を導くために用いる経典「バルド・トドゥル」は「チベットの死者の書」として西洋や日本に紹介され、大きな反響を呼んだ❻。日本と比べてドライな死生観が筆者に大きなカルチャーショックを与えたことについては、このシリーズ第1巻でも述べた［小西 2017］。

チベットの弔いの一つとして、鳥葬（天葬）と呼ばれる特徴的な方法がある。遺体を村はずれの高台に設けられた鳥葬台に運び、専門の職人が切り刻んでハゲワシなどの猛禽（写真2）に食べさせるというものである。鳥葬を授業で紹介すると、大きなカルチャー・ショックを受けたという感想が返ってくることが多い。

---

❻ 日本語訳として、川崎［1993］がある。バルド・トドゥルは死者の枕元で読み聞かせられる経典である。日本でも枕経と呼ばれる似た習慣があるが、チベットでは葬儀が終わった後も49日間にわたり毎日読み続けられること、そして経典の内容が非常に具体的であることに特徴がある。バルド・トドゥルでは、死者がバルドでみるとされる様々なビジョンが詳細に描写され、それらに惑わされずに解脱への道を目指すようにというメッセージが繰り返される。それは、死者を勇気づけ、輪廻から抜け出すように導く経典なのである。本シリーズ1巻『比較でとらえる世界の諸相』49ページ註2も参照。

こうした遺体の扱いは、遺体が故人の人格を残しているという考え方からみると受け入れがたい行為にみえる。しかし、あるチベット人僧侶は、鳥葬が「もっともきれいなやり方」だと筆者に説明した。それは、魂が抜け出た身体に対する執着を残すことがなく、かつ遺体を動物に施すという形で善行にもなり、最後にはほとんど何も残らないからである。

死に際して現世や財産、肉体などに執着を残すべきではないという考え方は、チベットで広く共有されている。筆者が2005年以来フィールドワークを行ってきた東チベットのシャルコク地方では、次のような説話を耳にした。

> 「ある高僧が亡くなるときに、大事にしていた高価な花瓶のことがふと気になり、『持ってきてくれ』と弟子に言った。弟子は、臨終のときに持ってきても意味はないだろうと思い、言いつけに従わなかった。高僧は怒って、『私が死んだら花瓶はおまえのものになるのに』と言い残して亡くなった。その高僧を火葬した灰の中からは、一匹の蛇が出てきた。これは彼が地獄におちたことを示している。彼はずっと一途に修行をしてきたが、亡くなる間際に他のことに執着したために成仏できなかったのだ」

この説話では「死に方」の重要性が説かれており、執着を残さないで亡くなるという「よい死に方」ができないと、様々な弊害があることが示唆されている。実際に、突然の事故などで不慮の死を遂げた死者はバルドにうまく入ることができず、現世をさまようといわれている。筆者が観察したボン教の儀礼「ゴチョク」は、そうした死者と生前親しくしていた人びとの家で僧侶と家族が共同で行うものである。家族や親しくしていた全員が普段着ている上着などを脱いで戸外に重ね、祓いの儀礼が行われる。その後、僧侶と家族が台所に集まり、手に刃物や石つぶてを持って、声を上げながら死者を外へ「追い出す」のである(写真3)。

筆者は最初にゴチョクを目にしたとき、仲良くしていた人にひどい仕打ちをするものだ、という印象を受けた。しかし、チベットの死生観を知るにつれて、この儀礼が「現世を早く離れることこそが死者の冥福につながる」という思想に裏付けられた弔いの形であることに気づかされた。死者は現世に執着するべきではなく、残された人びとも死者に執着するべきではない。こうした価値観

▲写真2 鳥葬の「担い手」となるハゲワシ
鳥葬では、肉のみならず骨も砕かれて、ツァンパ（オオムギの粉）に混ぜた状態で鳥に布施として与えられる〈中国四川省理塘県〉

▲写真3 ゴチョクで使用される様々な用具
悪鬼に施すための残飯、上着や馬具など肌に触れるもの、鍬や鎌などの刃物などが用いられ、死者を現世から離れさせる〈中国四川省松潘県〉

のもとでは、墓地は簡素なものになる。集落の外れにタルチョ（経文が書かれた旗）がたくさん建てられた場所があり（写真4）、そこが墓地だとわかるが、墓標などはなく、参拝などに訪れるものはいない。

だが、人びとが死に対する恐れや故人への思いをまったく抱いていないというわけではない。死を目の前にすると、誰もが感情を大きく揺り動かされる。シャルコク地方では、死者の家族自身ではなく、死者の家族とルーツを同じくする親族集団[7]の男性が葬儀を担い、儀礼を行う僧侶を補助する。屋外で火葬にされ、灰になる遺体を目の前にすると、屈強そうな男性も表情がゆがみ、泣くことはなかったものの、悲しみと恐怖が合わさったような表情を浮かべていた。火葬が終わった後、参加者全員が野外で簡単な食事をともにするが、このとき僧侶から死と来世に関する法話があり、人びとは混乱した感情をリセットして家路につく（写真5）。

また、筆者の友人が不慮の事故で頭を強くうって生死の境をさまよったとき、友人の家族から「あなたが撮った高僧の動画をみせてくれ」と頼まれたことがあった。調査の中で高僧の語りを記録していたからである。すぐにビデオカメラをテレビに接続した。このとき動揺する家族に映像をみせながら「さあ、アク[8]の顔をみて、しっかりして元気を出すんだ」と励ます家長の男性の姿が印象的であった。こうした事例からは、死という喪失がもたらす根源的な恐怖を、宗教を背景とする体系化された死生観が緩和していく側面を見て取ることができる。

簡素な墓地の様子とは対照的に、死後一定の時間がたってから家族の希望で大規模な儀礼が行われることもある。クンリと呼ばれる儀礼では、死者のために僧院の堂内を埋め尽くすほどの供物が準備され、戸外に設けられた炉にくべられる（写真6）。これは死者に捧げられると同時に、すべての生きとし生ける者[9]

---

[7] 筆者がフィールドワークをしていた村では、およそ700人、100世帯からなる村が五つの「カ」と呼ばれる集団に分かれていた。これは父系の祖先を同じくする集団であり、文化人類学の用語では「クラン」と呼ばれる集団に近い。具体的な祖先名は記憶されておらず、カを同じくする男女の結婚も基本的に可能である。

[8] シャルコクを含む東チベットでは、高僧の名前に「アク」を尊称としてつけて呼ぶことが多い。アクは父方のオジをあらわすことばでもある。

[9] 仏教用語では、衆生（しゅじょう）や有情（うじょう）とよばれ、輪廻の中にあって苦しむ存在すべてをさす。チベット語ではセムチェン（心をもつもの）と表現する。

▲写真4　墓所に建てられたタルチョ
タルチョは僧院や一般の家屋にも建てられるが、死者が出た家や墓所には大量に建てられる。墓所を普段訪れる者はほとんどいない〈中国四川省松潘県〉

▲写真5　火葬の準備
丸太を組んで作られた枠に、ビャクシンの葉や様々な供物がくべられる〈中国四川省松潘県〉

に向けられた祈りであると説明される。一方で、供物の準備や僧侶への謝礼に多額の費用がかかるため、クンリを実行できるかは施主の経済力にも依存している。

こうした儀礼の多くは、チベットの伝統宗教であるボン教によって伝えられてきた。ボン教徒は、7世紀の仏教伝来以前にチベットの宮廷において死者儀礼を執り行っていたと伝えられている。輪廻の思想と一見矛盾するようなこうした儀礼の存在は、弔いにおけるそれぞれの地域や民族固有の要素の重要性を物語っている。

3「消費される死」と現代日本の死生観——生と死の個人化

先に述べたシャルコクでの例のように、異文化の弔いに触れると、しばしばわたしたちは大きなカルチャーショックを受ける。その理由の一つとして、日本で日常的に死に触れる機会が少ないことが挙げられる。2017年に亡くなった人のうち、病院や介護施設など自宅の外で亡くなった割合は84.7%にのぼる[10]。かつては弔いのほとんどの過程は親族や近所の人びとによって担われていた。たとえば、亡くなった人の身体を拭き清め(湯灌)、死装束を着せて、棺にいれる(納棺)ことは家族の役割であった。2008年に公開されヒットした映画『おくりびと』は、この過程を担う専門業者を主人公とするストーリーであり、現代では弔いに関する多くのことが近親者の手を離れて行われ、商業化されていることを改めて印象づける。

現在みられる葬儀業は明治期にはじまり、高度経済成長期に定着し、今では日本の弔いに欠かせないものとなった。死に関するあらゆる要素がパッケージ化され、通夜などの儀礼を最小限におさえた「直葬」コースも登場している。このことは、死にゆく本人や近親者が「死に方」や「弔い方」を選び消費する社会にわれわれが生きていることを端的に示している[11]。こうした流れは、地縁や

---

⑩ 厚生労働省の人口動態調査(2017年)による。詳細なデータは「政府統計の総合窓口 e-Stat」〈https://www.e-stat.go.jp/〉から閲覧できる。

⑪ 詳細は田中[2017]を参照。これは日本における葬儀業の成立と展開を踏まえて、著者自らが葬儀業者で働きながらフィールドワークを行った成果をもとに、儀礼としての弔いと産業との関係を人類学的に論じた興味深い著作である。

▲写真6 クンリの供物
チベットの主食であるツァンパとバターでつくられた供物に、様々な装飾が施される〈中国四川省松潘県〉

血縁、すなわち地域や家族をはじめとする社会を支えてきたつながりが希薄化し、つながりの中で行われてきた弔いが個人化したこととその軌を一にしている。生が個人化するとともに、死もまた個人化してきたのである。

2010年に話題となった「無縁社会」⓬は、孤独死の問題に端を発している。無縁社会が注目を集めたのは、個人化された生と死が、やがて一人きりで死を迎え、誰も弔ってくれない状況につながることに危機感を抱いた人びとが多かったからだと考えられる。

そうした中で、2011年に死者・行方不明者18,000人以上を出した東日本大震災が発生した。戦後最大規模の死者を出した災害は、通常の弔いを行うことを不可能にした。岩手県釜石市の遺体安置所のルポルタージュである『遺体』〔石井 2011〕は、震災直後の極限状況下でいかに遺体が取り扱われてきたのかを伝えている。たとえば、葬儀業者としての経験をもつ男性が津波にのまれた遺体に語りかけながら死後硬直をほぐす様子や、安置所に簡単ではあるが祭壇が設置

⓬2010年1月にNHKスペシャル「無縁社会――“無縁死”3万2千人の衝撃」として放映され、後にNHK「無縁社会プロジェクト」取材班［2010］として書籍化された。

されて僧侶が招かれる場面、近隣県の自治体が連携して不足している火葬場の手配を行う過程などが描かれている。こうした描写からは、人びとが共同で弔いを行うことが、混乱した状況に一定の秩序を与え、日常生活を取り戻すための第一歩になっていることが読み取れる。

振り返ってみると、2010年代を通じて、既存の弔いの枠組みをこえて、死にゆく人びとと残された人びととがどのように死と向き合うかという問題が広く社会の関心を集めてきたことがわかる。一例として、死に代表される喪失が生み出す悲嘆(グリーフ)を抱えた人に対する「グリーフケア」が、学際的な研究・実践領域として確立されてきた[13]ことが挙げられる。また、宗教者が寺社や教会などの場を離れて、医療機関や福祉施設において死をめぐる苦悩や悲嘆を抱える人に心理面でよりそう「臨床宗教師」の養成も行われている[14]。こうした動向は、家族や地域による弔いが担ってきた死への対処を、専門家によるケアによって実現しようとするものと位置づけられる。そこではまったく新しい技術が用いられているのではなく、宗教をはじめとする諸文化が蓄積してきた死や弔いに関する知見が見直され、新たな形での活用が模索されているのである[15]。

4 弔いの比較文化から未来の豊かな生を考える

2018年にベストセラーとなった『ホモ・デウス』を著した歴史学者ユヴァル・ノア・ハラリは、これからの人間は先端技術を通じて死を遠ざけることで神に近づこうとするだろうと論じている。科学技術は果たして死を乗り越えられるのだろうか。AIや遺伝子工学の発展が人間存在のあり方に大きな変容を迫る現代において、この問いにNOと言い切ることは難しい。だが、現在この本を手に

---

[13] 2010年に設立された上智大学グリーフケア研究所は、グリーフケアに関する学際的な研究を進めるとともに、グリーフケア人材養成の課程も設置している。

[14] 東日本大震災を機に東北大学大学院文学研究科に設置された「実践宗教学寄附講座」で養成がはじまり、2018年に一般社団法人日本臨床宗教師会が「認定臨床宗教師」の資格認定を開始した。

[15] たとえば、宗教活動を担う僧侶や牧師といった人びとについて、単に儀礼を執り行うのではなく、死に伴う人びとの苦しみによりそい傾聴するという役割が見直されつつある。その役割を現代の医療や福祉の場に活用すべく整備された資格制度が臨床宗教師である。また、お盆をはじめとする「死者を慰める」ための諸行事、悲嘆を共有し和らげる文学や芸能などの役割についても研究が進みつつある。詳細は[島薗 2019]を参照。

取っている瞬間にも、地球上のあらゆる場所であらゆるいきものが生まれ死んでいくことを思い起こせば、その過程がすべてデジタル化され、人間が操作可能なものになるとは考えにくい。だからこそ、弔いは今でも多くの人びとにとって、死という不可解かつ不可避なものに向き合うためのよりどころになっている。

筆者が授業で死や弔いについてとりあげると、「これまでそんなことを考えたこともなかった」という反応が返ってくることが多い。そうはいっても、遅かれ早かれ誰もが身近な人びとの死を経験するだろう。一人の人間が年齢を重ねて成熟していく過程とは、いわゆる「社会人」として社会を生きぬくスキルを身につけるだけではなく、まわりの人びとの死を受けとめ、自分の死に向き合うことだともいえるかもしれない。

死について考えることは、合わせ鏡に映したように生について考えることでもある⑯。それは、多様な異文化を知ることによって自文化への理解を深める比較文化学の構図と重なる。チベットの事例でみたように、弔いの比較文化を通じて浮かび上がるのは「あの世」だけにとどまらず、むしろ家族や地域をはじめとする「この世」のつながりの姿である。過去から現在に至る弔い方の変遷は、社会の変遷をも示している。輪廻の思想をはじめ死と弔いについて人間が築き上げてきた豊かな世界観は、わたしたちが生きることの根源に関わるがゆえに、時代や地域を越えた普遍性を持っている。世界の諸地域の伝統的な死生観を知り、その変遷を学び比較することは、わたしたちの社会の未来像を描くことにもつながっているのである。

---

⑯ 文化人類学の視点から死を論じた代表的な著作の一つ『死の人類学』の冒頭でも「死を死として語ることはうとましい。しかし、だからこそ、死に対する態度のなかに人間の生の営為の狡智が隠されているともいえるのだ。その意味で、ここに展開することは死の人類学であるとともに、すぐれて生の人類学でもある」[内堀・山下 2006：21] として、死と生の表裏一体の関係が述べられている。

参考・参照文献

石井光太（2011）『遺体――震災、津波の果てに』東京：新潮社。

内堀基光・山下晋司（2006［1986］）『死の人類学』東京：講談社（講談社学術文庫）。

NHK「無縁社会プロジェクト」取材班（2010）『無縁社会――“無縁死”三万二千人の衝撃』東京：文藝春秋社。

川崎信定［訳］（1993［1989］）『原典訳　チベットの死者の書』東京：筑摩書房（ちくま学芸文庫）。

小西賢吾（2017）「『道しるべ』としての比較文化学――複数の文化を生きつづけるために」山田孝子・小西賢吾［編］『比較でとらえる世界の諸相』京都：英明企画編集、pp.45-52。

島薗進（2019）『ともに悲嘆を生きる――グリーフケアの歴史と文化』東京：朝日新聞出版。

田中大介（2017）『葬儀業のエスノグラフィ』東京：東京大学出版会。

波平恵美子［編］（2011）『文化人類学　カレッジ版（第3版）』東京：医学書院。

日本国語大辞典第二版編集委員会、小学館国語辞典編集部［編］（2006）『精選版日本国語大辞典』（電子版）コトバンク https://kotobank.jp/ から検索可能

藤本晃（2016）『初期仏教経典 現代語訳と解説　餓鬼事経――死者たちの物語』東京：サンガ。

ベッカー、カール（1992）『死の体験――臨死現象の探究』京都：法蔵館。

ハラリ、ユヴァル・ノア（2018）『ホモ・デウス――テクノロジーとサピエンスの未来（上・下）』柴田裕之訳、東京：河出書房新社。

あとがき

本シリーズの出版構想は、金沢星稜大学における平成28年度の人文学部国際文化学科の開設に端を発しており、グローバルな視野をもって地域社会に役立つ人材の育成をめざす「比較文化学」教育の入門書としての活用を考え取り組んでいるものである。

第5巻である本書では、「弔い」をテーマに、弔うという行為が人間にとってどのような意味をもつのかについて、比較文化学的に探究した。生物である以上逃れられない死に対して、人間が独自の集団的営みとして発展させてきたのが弔いである。弔いの文化は、さまざまな宗教や思想のなかで育まれ、社会のあり方とともに変化していく。専門領域・地域を異にする研究者による日本と世界の弔いについての比較文化学的議論を通じて、弔いをめぐる民族性と地域性を明らかにし、その共通点についても理解が深まったのではないかと思っている。

本書では、さまざまな地域、宗教における弔いの事例をとりあげながら弔いの本質について考察した座談会と、論考4篇を収録している。とくに、日本では仏教に比してなじみの薄いキリスト教とイスラームにおける死生観や弔いの文化についても1節を設けて扱っているのが特徴である。座談会には、国立民族学博物館准教授であり、カザフスタンの社会再編とイスラーム復興を専門とする藤本透子氏に加わっていただいた。死者儀礼について豊富な研究実績をもつ藤本氏の参加によって、弔いの背後にある宗教的価値観や社会的つながりが浮き彫りになったと考えている。

本書の出版は、金沢星稜大学総合研究所のプロジェクト研究所に採択された「比較文化学教育研究所」(平成28年度～31年度)の「グローバルな世界情勢に対処できる人材育成のための比較文化学の教育方法と課題に関する研究」の一環として可能となったものである。金沢星稜大学総合研究所の研究助成に感謝したい。

また、本書の出版は、シリーズの企画からレイアウト、的確な編集助言、とくにさまざまなトピックが飛び交った座談会の議論をコンパクトに編集していただいたことなど、英明企画編集株式会社の松下貴弘氏の尽力なくしてはできあがらなかったものである。この場を借りて氏に改めて感謝の意を表したい。

編者 **小西賢吾・山田孝子**

写真クレジット

（　）内は撮影年を示す。

- 2ページ、4ページ3段目、7ページ左1段目、2段目、9ページ左下、23ページ……小磯千尋（1997）
- 3ページ、87ページ左下、102ページ……©iStockphoto.com/BeteMarques
- 4ページ1段目、109ページ左上、119ページ、124ページ……©photolibrary/chuugo
- 4ページ2段目、149ページ左1段目、33ページ……©photolibrary/旅人
- 4ページ4段目、111ページ……©iStockphoto.com/Masaru123
- 4ページ5段目……©gogajuice-Adobe Stock
- 5ページ1段目、8ページ右上、32ページ……©toshket-Adobe Stock
- 5ページ2段目、109ページ右上……©hedge1-Adobe Stock
- 5ページ3段目、6ページ中央1段目、2段目、3段目、65ページ左上・左下、67、69、74、76ページ……藤本透子（2003）
- 5ページ4段目、109ページ右下、113ページ……©iStockphoto.com/akiyoko
- 5ページ5段目、6ページ左3段目、4段目、149ページ左2段目、3段目、右スペース、153ページ、155ページ下、157ページ、159ページ……小西賢吾（2009）
- 6ページ左1段目、89ページ……©Frankix-Adobe Stock
- 6ページ左2段目、9ページ右下、28ページ……©Vladimir Melnik-Adobe Stock
- 6ページ右1段目、39ページ左1段目、56ページ1段目、2段目……煎本孝（1984）
- 6ページ右2段目、39ページ左2段目、右スペース内、56ページ3段目、58ページ……山田孝子（2010）
- 7ページ中央1段目……小河久志（2005）
- 7ページ右1段目……©jesuschurion57-Adobe Stock
- 7ページ右2段目、85ページ……©Jogerken-Adobe Stock
- 8ページ左1段目、11ページ……©photo library/Keisha
- 8ページ左1段目、132ページ左2段目、144ページ……本康宏史（2017）
- 8ページ左3段目、39ページ左3段目、49ページ……山田孝子（2017）
- 8ページ中央1段目、47ページ……山田孝子（1992）
- 8ページ中央2段目、26ページ……©photo library/Keisha
- 8ページ中央3段目、53ページ……山田孝子（1972）
- 8ページ右1段目……©Weston Palmer-Adobe Stock
- 8ページ右2段目、9ページ左上、16ページ……©fuujin-Adobe Stock
- 50ページ……山田孝子（1973）
- 60ページ……山田孝子（1989）
- 65ページ右上、82ページ……©Mikhail Markovskiy-Adobe Stock
- 65ページ右下……©Roberto-Adobe Stock
- 87ページ左上、96ページ……©Renáta Sedmáková-Adobe Stock
- 87ページ右スペース……©scaliger-Adobe Stock
- 109ページ左下……©tatsushi-Adobe Stock
- 126ページ……©photo library/kuroko
- 133ページ左上、141ページ……「明治紀念標新築大祭之図」金沢市立玉川図書館所蔵
- 133ページ左下、140ページ……本康宏史（2007）
- 133ページ右スペース、143ページ……本康宏史（2013）
- 155ページ右上……©photolibrary/Aki

索引

事項索引／地名・地域名・国名

●事項索引

さ／サ

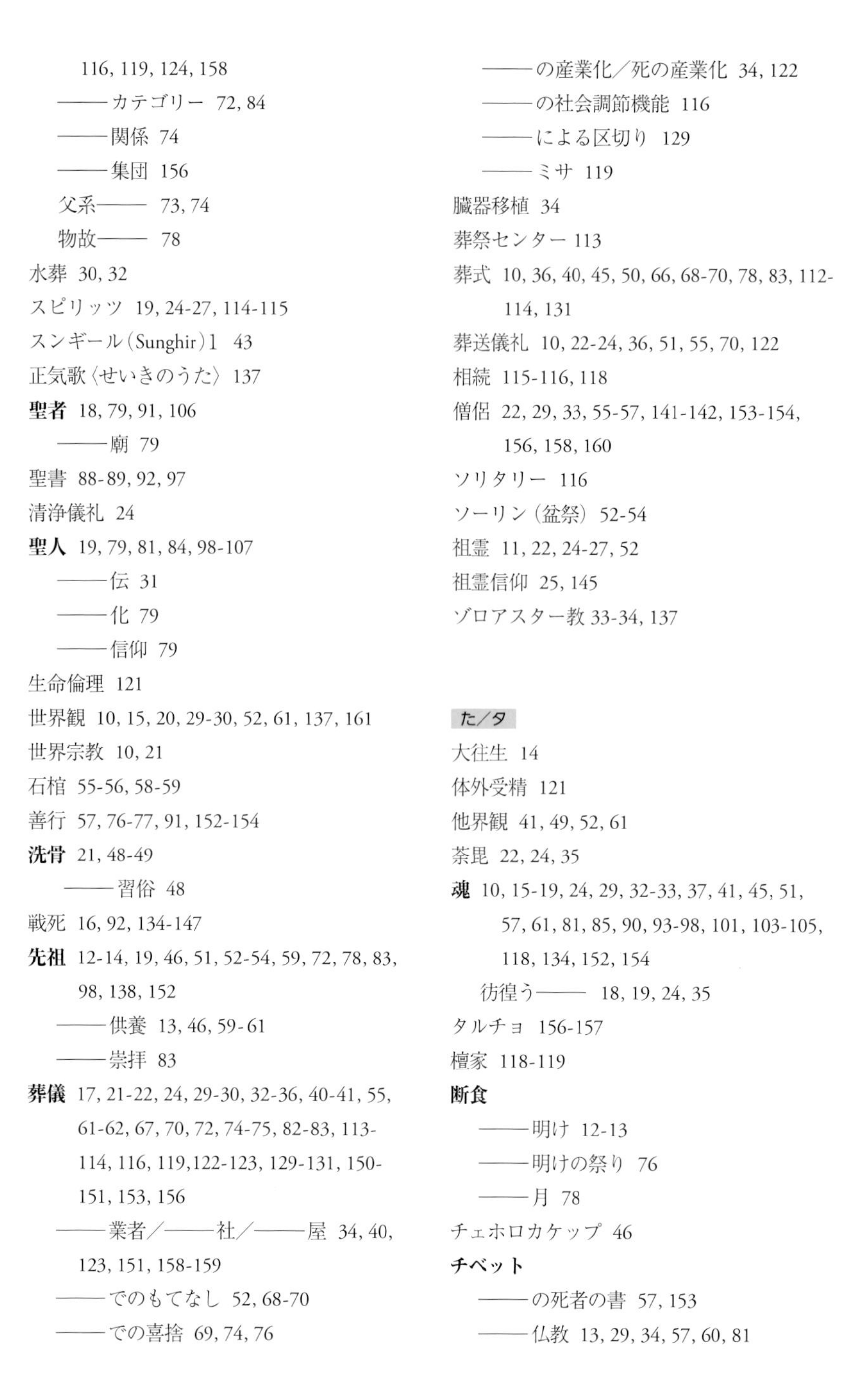

た／タ

な／ナ

は／ハ

ま／マ

や／ヤ

●地名・地域名・国名

編者・執筆者一覧

◆編者

小西 賢吾（こにし けんご）
◉所属……金沢星稜大学教養教育部准教授

◉専門……文化人類学

◉研究テーマ……宗教実践からみる地域社会・共同体論。チベット、ボン教徒の民族誌的研究

◉主な著書（論文）

- 『四川チベットの宗教と地域社会——宗教復興後を生きぬくボン教徒の人類学的研究』（風響社、2015年）
- “Inter-regional relationships in the creation of the local Bon tradition: A case study of Amdo Sharkhog,” *Report of the Japanese Association for Tibetan Studies*（『日本チベット学会会報』60: 149–161、2014年）
- 「興奮を生み出し制御する——秋田県角館、曳山行事の存続のメカニズム」（『文化人類学』72(3):303–325、2007年）

山田 孝子（やまだ たかこ）
◉所属……金沢星稜大学人文学部教授／京都大学名誉教授

◉専門……文化人類学、比較文化学

◉研究テーマ……チベット系諸民族の宗教人類学的・民族誌的研究、琉球諸島・ミクロネシアの自然誌的研究、アイヌ研究、シャマニズム、文化復興、エスニシティ

◉主な著書（論文）

- *Migration and the Remaking of Ethnic/Micro-Regional Connectedness*（Senri Ethnological Studies no. 93、Toko Fujimotoとの共編著、Suita, Osaka: National Museum of Ethnology、2016年）
- 『南島の自然誌——変わりゆく人－植物関係』（昭和堂、2012年）
- 『ラダック——西チベットにおける病いと治療の民族誌』（京都大学学術出版会、2009年）
- *The World View of the Ainu: Nature and Cosmos Reading from Language*（London: Kegan Paul、2001年）
- *An Anthropology of Animism and Shamanism*（Bibliotheca Shamanistica, vol. 8, Budapest: Akadémiai Kiadó、1999年）
- 『アイヌの世界観——「ことば」から読む自然と宇宙』（講談社（選書メチエ）、1994年）

◆著者・座談会参加者（五十音順）

小河 久志（おがわ ひさし）

◉所属……金沢星稜大学人文学部准教授

◉専門……文化人類学、東南アジア地域研究

◉研究テーマ……東南アジアのイスラームとムスリム社会、自然災害と社会・文化の関係

◉主な著書（論文）

- 『「正しい」イスラームをめぐるダイナミズム――タイ南部ムスリム村落の宗教民族誌』（大阪大学出版会、2016年）
- 『自然災害と社会・文化――タイのインド洋津波被災地をフィールドワーク』（風響社、2013年）
- 『グローバル支援の人類学――変貌するNGO・市民活動の現場から』（共著、昭和堂、2017年）
- 『東南アジア地域研究入門2 社会』（共著、慶応義塾大学出版会、2017年）

川村 義治（かわむら よしはる）

◉所属……金沢星稜大学人文学部特任教授

◉専門……英語教育

◉研究テーマ……認知的観点から英語のスキルの向上を考察する

◉主な著書（論文）

- 『異文化理解の座標軸:概念的理解を越えて』（淺間正通［編著］、分担執筆、日本図書センター、2000年）
- 『民族から見たアメリカ社会』（Robert Muraskinとの共著、成美堂、2004年）
- 『英語で世界に橋を架けよう』（リンチ・ギャビンとの共著、南雲堂、2015年）

川本 智史（かわもと さとし）

◉所属……金沢星稜大学教養教育部講師

◉専門……建築・都市史

◉研究テーマ……トルコを中心とする地域におけるオスマン朝の空間の歴史

◉主な著書（論文）

- "Before Topkapı: Istanbul Old Palace and its Original Function"（In *Archivum Ottomanicum* 33 : 203-211、2016年）
- "Courtyards and Ottoman mosques in the 15th and 16th centuries: Symbolism, mimesis and demise"（In *A|Z ITU Journal of the Faculty of Architecture*, 12 (2): 35-48、2015年）
- 『オスマン朝宮殿の建築史』（東京大学出版会、2016年）
- 『イスラム建築がおもしろい！』（深見奈緒子［編著］、共著、彰国社、2016年）

桑野 萌（くわの もえ）

◉所属……金沢星稜大学人文学部講師

◉専門……哲学的人間学・比較宗教学

◉研究テーマ……東西の伝統思想からみる身体論、スペインと日本の比較思想研究

◉主な著書（論文）

- 「ペドロ＝ライン・エントラルゴの身体論を巡って――ペドロ・ライン＝エントラルゴにおける心身の一体性とダイナミズム的宇宙論の思想的背景について」（『人体科学』22：74-81、2013年）
- 『身体の知――湯浅哲学の継承と展開』（黒木幹夫・鎌田東二・鮎澤聡［編著］、分担執筆、ビイングネットプレス、2015年）
- 『宗教改革と現代』（新教出版社編集部［編］、分担執筆、新教出版、2017年）
- 『身心変容のワザ〜技法と伝承』（鎌田東二［編］、分担執筆、サンガ、2018年）

小磯 千尋（こいそ ちひろ）

◉所属……金沢星稜大学教養教育部教授

◉専門……インドの宗教・文化

◉研究テーマ……ヒンドゥー教におけるバクティ、マハーラーシュトラ地域研究、インド食文化

◉主な著書（論文）

- 「中世バクティ詩人にみる浄・不浄観」（『金沢星稜大学人文学研究』1（1）：59-69、2016年）
- 「インド――ヒンドゥー教とジャイナ教」（南直人編『宗教と食』（食文化フォーラム 32）所収、ドメス出版、2014年）
- 『ヒンディー語のかたち』（白水社、2013年）
- 『世界の食文化 8 インド』（小磯学と共著、農山漁村文化協会、2006年）

坂井 紀公子（さかい きくこ）

◉所属……金沢星稜大学人文学部講師／京都大学アフリカ地域研究資料センター特任講師

◉専門……文化人類学、アフリカ地域研究

◉研究テーマ……ケニアにおける女性の商業活動と金融活動の文化人類学的研究、ウガンダ北部におけるてんかん性脳症患者と家族を支援するコミュニティー形成の医療人類学的研究、ウガンダ北部・紛争後社会のコミュニティー再生の文化人類学的研究

◉主な著書（論文）

- "Community Response to Nodding Syndrome in Northern Uganda" (In *Proceeding of International Symposium France-Japan Area Studies Forum*、共著、Center for African Area Studies、2018年）
- 「いちばでのルール形成 その1〜3」（太田至［編著］『アフリカ紛争・共生データアーカイブ第2巻』pp.28-30、京都大学アフリカ地域研究資料センター、2015年）
- 「地方都市のマーケットと女性たち――野菜商ムエニさんの日常生活」（松田素二・津田みわ［編］『ケニアを知るための55章』pp. 257-261、明石書店、2012年）
- 「ソコはアツイ女の園――カニィニとの思い出」（松田素二・津田みわ［編著］『ケニアを知るための55章』pp.269-271、明石書店、2012年）
- 『マーケットに生きる女性たち――ケニアのマチャコス市における都市化と野菜商人の営業実践に関する研究』（松香堂、2012年）

Achim Bayer（アヒム・バイヤー）

◉所属……金沢星稜大学人文学部准教授

◉専門……仏教学、比較文化学

◉研究テーマ……仏教思想史、仏教倫理学、現代仏教、比較文化

◉主な著書（論文）

- *The Theory of Karman in the Abhidharmasamuccaya*（Tokyo: International Institute of Buddhist Studies、2010年）
- “The Ethics of Kingship and War in Patrul Rinpoche's Words of My Perfect Teacher and the Last Buddhist Rulers of Derge”（In Charles Ramble and Jill Sudbury, eds., *This World and the Next: Contributions on Tibetan Religion, Science and Society*, Proceedings of the Eleventh Seminar of the International Association for Tibetan Studies, Königswinter 2006. Andiast, Switzerland: IITBS（International Institute for Tibetan and Buddhist Studies GmbH）pp. 81-106、2012年）
- “School Affiliation of the Abhidharmasamuccaya in the Light of Tibetan Scholasticism”（*Bojo Sasang, Journal of Bojo Jinul's Thought*, 36: 55-96、2011年）

藤本 透子（ふじもと とうこ）

◉所属……国立民族学博物館准教授

◉専門……文化人類学

◉研究テーマ……カザフスタンにおける社会再編とイスラーム実践

◉主な著書（論文）

- 『よみがえる死者儀礼――現代カザフのイスラーム復興』（風響社、2011年）
- 『現代アジアの宗教――社会主義を経た地域を読む』（編著、春風社、2015年）
- 「社会再編のなかのイスラーム――地域社会における生き方の模索」宇山智彦・樋渡雅人編『現代中央アジア――政治・経済・社会』pp.209-230（日本評論社、2018年）

本康 宏史（もとやす ひろし）

◉所属……金沢星稜大学経済学部教授

◉専門……日本近代史・地域史・産業史

◉研究テーマ……石川県を中心とした北陸地域の近代的展開

◉主な著書（論文）

- 『イメージ・オブ・金沢――“伝統都市”像の形成と展開』（編著、前田印刷出版部、1998年）
- 『石川県の歴史』（高沢祐一、東四柳 史明、橋本哲也、川村好光との共著、山川出版社、2000年）
- 『軍都の慰霊空間――国民統合と戦死者たち』（吉川弘文館、2002年）
- 『からくり師大野弁吉の時代――技術文化と地域社会』（岩田書院、2007年）
- 『大名庭園の近代』（小野芳朗、三宅拓也との共著、思文閣出版、2018年）

シリーズ 比較文化学への誘い5
弔いにみる世界の死生観

発行日 ——— 2019年11月27日

編　著 ——— 小西賢吾・山田孝子

発行者 ——— 松下貴弘
発行所 ——— 英明企画編集株式会社
〒604-8051 京都市中京区御幸町通船屋町367-208
電話 075-212-7235
http://www.eimei-information-design.com/

印刷・製本所 — モリモト印刷株式会社

Published by Eimei Information Design, Inc.
Printed in Japan　ISBN 978-4-909151-05-6